RAPPORT

SUR

L'AUSTRALIE

ET SUR LES

RELATIONS ÉVENTUELLES DE COMMERCE

QUE

LA BELGIQUE

POURRAIT OUVRIR AVEC LES DIFFÉRENTES

ILES DE L'OCÉANIE.

Par Edouard Wyvekens,

CONSUL DE BELGIQUE A SYDNEY.

BRUXELLES,

TYPOGRAPHIE DE A. SEGHERS.

1851

RAPPORT

SUR

L'AUSTRALIE.

RAPPORT

SUR

L'AUSTRALIE

ET SUR LES

RELATIONS ÉVENTUELLES DE COMMERCE

QUE

LA BELGIQUE

POURRAIT OUVRIR AVEC LES DIFFÉRENTES ILES DE L'OCÉANIE.

EXÉCUTION DES DÉPÊCHES DU MINISTRE DE L'INTÉRIEUR DU 8 OCTOBRE 1849, ET DU MINISTRE DES AFFAIRES ÉTRANGÈRES DU 18 AOUT 1849.

Par Edouard Wyvekens,
CONSUL DE BELGIQUE A SYDNEY.

BRUXELLES,
TYPOGRAPHIE DE A. SEGHERS.

1851

SYDNEY, LE 1er JUIN 1850.

A Monsieur le Ministre des Affaires étrangères, à Bruxelles.

Monsieur le Ministre,

PAR vos dépêches du 8 août 1849, n° 6,211 (Ministère de l'Intérieur), et du 18 du même mois, Indicateur B. n° 1,004, vous avez bien voulu m'autoriser à prendre part au voyage de circumnavigation entrepris par le navire belge *l'Océanie*, en m'imposant la tâche d'adresser au Gouvernement des rapports renfermant toutes les observations qui seraient de nature à aider au développement de nos relations avec les pays visités, et, enfin, d'être, le plus possible, utile au commerce belge en cherchant à donner à mes communications un caractère pratique propre à donner naissance à de véritables affaires.

Appréciant, comme c'était mon devoir, toute l'importance de cette tâche, je n'ai négligé aucun soin, aucune peine, aucune démarche, ni même aucun sacrifice pour parvenir au but proposé.

Je n'ai voulu quitter l'Australie qu'après avoir rempli scrupuleusement et consciencieusement la tâche qui m'était imposée. Le commerce national n'ayant reçu, jusqu'ici, aucune donnée sur les relations qu'il pourrait ouvrir avec cette belle et importante partie du monde, j'ai trouvé à Sydney, qui est le Londres du Sud et le rendez-vous du commerce, des capitaux et de l'intelligence de toute l'Océanie centrale, j'y ai trouvé, dis-je, un vaste champ d'étude auquel j'ai consacré cinq mois entiers de travail assidu, et j'ai le droit de le dire, de recherches parfois aussi onéreuses que fatigantes.

J'ai l'honneur, Monsieur le Ministre, de vous faire parvenir le fruit de mes investigations. A l'exception des articles de mode et de fantaisie, pour lesquels il serait impossible de donner des renseignements avec sécurité, tout ce qui fait l'objet d'un commerce régulier entre l'Europe et l'Australie est passé en revue dans ce rapport.

J'ai pensé aussi que des renseignements positifs sur l'agriculture, l'élève du bétail, l'industrie, l'état des finances, la situation des banques, le cours du change, le taux de l'escompte, l'émigration si progressive, la position et les avantages du squatter, qui est l'élément le plus riche, le plus notable et le plus nombreux de la colonie, et enfin, sur les différents projets qui se lient au développement de ce nouveau monde, ne pouvaient être déplacés dans une œuvre de cette espèce.

Je serai bien récompensé de mes efforts, Monsieur le Ministre, si vous jugez mon travail digne d'un accueil favorable et surtout s'il peut ne pas rester stérile pour le bien de notre pays.

J'ai l'honneur d'être, avec le plus profond respect,

Monsieur le Ministre,

Votre très-humble et très-obéissant serviteur,

L'agent commercial,

Edouard Wynekens.

RAPPORT SUR L'AUSTRALIE.

TANDIS qu'en Europe on s'évertue, à grands frais, à trouver l'art de perfectionner les bergeries pour l'éducation et l'amélioration des animaux à toison, il existe, de l'autre côté du monde, presque aux Antipodes, un établissement modèle, dont les proportions sont gigantesques et les ressources incalculables. Ce vaste établissement qui compte aujourd'hui plus de quatorze millions de moutons, de deux millions cinq cent mille bœufs, de deux cent mille chevaux, etc., etc., c'est l'Australie, dont les avantages du climat et les ressources du territoire font qu'à aucune époque de l'année le bétail, pour vivre, croître et multiplier, ne demande à l'homme ni soins, ni abri, ni nourriture. On compte que cent juments élèvent annuellement quatre-vingt-dix poulains, que cent vaches élèvent quatre-vingt-treize veaux et que cent brebis sèvrent quatre-vingt-cinq agneaux. Quel est donc le pays qui porte en soi de semblables éléments de supériorité? Pourquoi s'étonner de sa prospérité et de tant de fortunes si rapidement acquises par des squatters ([1]) actifs, intelligents et économes?

L'Angleterre, si prévoyante, si calculatrice, comprit de bonne heure les avantages de cette contrée. Avec le génie d'exploitation, qu'elle seule possède, elle commença par retirer tout le secours possible du travail des condamnés, et sous une surveillance active on vit bientôt s'élever la plupart des travaux d'utilité publique, d'assainissement, d'embellissement, tels que hôpitaux, magasins de vivres, arsenaux de marine, quais, routes, etc., qui aujourd'hui font l'ornement de Sydney et de beaucoup d'autres villes de l'intérieur.

Quand l'Angleterre eut épuisé tout le secours de ce travail, quand elle connut mieux les avantages du climat et les ressources du territoire, quand, enfin, cette belle possession était déjà le siége d'une grande activité commerciale, elle songea à la délivrer d'un élément corrupteur, et déclara, en 1840, que l'Australie cesserait d'être une colonie pénale. Ce changement brusque amena d'abord quelque perturbation, et vint affecter une prospérité jusque-là constante. Mais, peu à peu, grâce à l'arrivée de nouveaux émigrants libres, grâce à leur activité et à leurs capitaux, grâce aussi aux nombreuses ressources du pays, la colonie s'éleva insensiblement dans l'échelle sociale, oublia bientôt la rude épreuve qu'elle venait de subir, et

(1) On donne le nom de *squatters* à ceux qui élèvent le bétail sur les terres vagues.

aujourd'hui nul ne saurait prédire la haute destinée qui l'attend.

Dans la Nouvelle-Galles du Sud, qui est le principal établissement de l'Australie, la population a suivi la progression suivante :

Elle comptait en	1821 . . .	29,783	habitants.
	1831 . . .	51,155	»
	1841 . . .	130,856	»
	1848 . . .	220,474	»
	1850 . . .	280,000	»

Dans l'Australie sud on compte 54,000 habitants.
» occidentale » 5,000 »

Cet accroissement si rapide est dû aux encouragements et facilités donnés à l'émigration par le Gouvernement. Il paie lui-même tous les frais de transport et le passage d'un émigrant venant d'Angleterre lui coûte 12 à 14 livres sterlings. Les sommes payées de ce chef sont prélevées sur le produit de la vente des terres vagues, qui acquièrent tous les jours plus de valeur, et qui, depuis deux ans, dans les districts de Sydney et de Port-Philippe, ont rapporté au Gouvernement plus de 300,000 livres sterlings.

Quant au commerce, à l'industrie et à l'agriculture, malgré les beaux résultats déjà obtenus, il est certain qu'ils ne sont qu'à leur aurore. En effet, le terrain n'est ni connu, ni apprécié; l'agriculture commence seulement à se perfectionner; les défrichements ne se font que depuis peu avec intelligence, et c'est à peine si on a utilisé les engrais fournis par tant de nombreux troupeaux. Bien des carrières resteront donc, pour longtemps encore, ouverte, à l'activité européenne, car, comme on vient de le dire, l'Australie ne se connaît pas elle-même ; elle met à peine la main sur les richesses immenses que la Providence a placées dans son sein. Nulle contrée n'est plus riche en matières premières et en moyens de productions de toute espèce. Que sera-ce quand on les connaîtra mieux, quand les moyens de communications rapprocheront les distances et permetteront d'utiliser tant de ressources ?

Déjà on lui prépare de nouveaux éléments de succès, et plusieurs grandes améliorations sont ou proposées ou en voie d'exécution. Depuis longtemps, la nécessité se faisait vivement sentir dans l'Amérique du Sud, dans toute l'Océanie, en Chine et même aux Indes orientales, si on en excepte Bombay, de l'existence d'un *dry-dock* ou bassin sec qui pût servir à la construction et à la réparation des navires de guerre et de commerce d'un fort tonnage. Le gouvernement de la Nouvelle-Galles du Sud, sachant bien que la présence à Sydney d'un semblable bassin y attirerait beaucoup de navires et aiderait puissamment au développement du commerce et de la navigation, choisit, dans le port de Jackson, l'île de Cockatoo comme réunissant toutes les facilités désirables, et depuis deux ans, plus de deux cents ouvriers travaillent sans relâche à la construction d'un bassin ou *dry-dock* modèle, qui sera entièrement creusé dans le roc et où, dans quelques mois, les navires du plus fort tonnage pourront être admis avec la plus grande facilité.

D'un autre côté, le détroit de Torrès, jusqu'ici dangereux pour les navigateurs, vient aussi d'être exploré et toute crainte est maintenant bannie. Le capitaine Stanley y a découvert cette année, non loin des côtes de la Nouvelle-Guinée, un passage assuré de plus de trente milles de largeur.

On pourra donc donner suite au projet, depuis longtemps conçu, d'établir un service de bateaux à vapeur entre Sydney et les Indes. L'exécution de ce projet, en accélérant les rapports qui existent entre l'Europe et l'Australie, l'achèvement du dry-dock, la construction d'un chemin de fer de Sydney à Goulburn qui plus tard se prolongera jusqu'à Port-Philippe, l'achèvement et le prolongement de plusieurs routes, les explorations du pays, tels sont, en résumé, les projets qui aujourd'hui se lient au développement de l'Australie, et qui apporteront bientôt dans ces contrées un nouvel élément d'activité et de civilisation. Les succès obtenus jusqu'ici ne sont donc que le présage d'autres succès plus grands, car l'impulsion est donnée et les germes semés auront désormais trop d'énergie et de vitalité pour rester engourdis.

On donne à l'Australie 1,980,000,000 d'acres de terre carrées ; sur ce nombre 320,000,000 seraient déjà occupées ou louées par les squatters pour l'élève du bétail, et 250,000 seulement seraient cultivées. Il a suffi de gratter la surface de ce sol généreux pour le rendre fécond en froment, seigle, orge, avoine, maïs, millet, pommes de terre, tabac, fruits et légumes de toutes sortes et de tous les pays du monde. Neuf cents acres sont aussi affectées à la culture de la vigne, et le succès du vin du pays paraît assuré. L'état ci-joint, publié par les soins du Gouvernement, donne, pour la Nouvelle-Galles du Sud, le résultat de la récolte de 1848 en renseignant la quantité de terre affectée à chaque produit.

Dans le calcul du rendement des terres, il faut remarquer qu'on n'a fait usage, jusqu'ici, d'aucun engrais, et que les cultivateurs poussent l'insouciance jusqu'à semer pendant sept ou huit ans la même espèce de grain sur le même terrain, ce qui, comme on le sait, est loin d'être profitable.

NOMBRE D'ACRES ENSEMENCÉES.	DÉSIGNATION DU PRODUIT.	QUANTITÉ RÉCOLTÉE.	
87,219	Froment.	1,528,874	bushels.
20,375	Maïs.	262,340	»
8,789	Avoine.	145,218	»
13,572	Orge.	116,643	»
167	Seigle.	2,386	»
14	Millet.	158	»
5,774	Pommes de terre.	14,954	tonneaux.
27,558	Trèfles et foin.	37,795	»
201	Tabac.	3,059	quintaux.
995	Vin.	103,606	gallons.
	Eau-de-vie.	1,263	»

D'autres cultures, aussi importantes, sont également susceptibles d'un rapide développement. On peut citer déjà comme ayant couronné de succès les divers essais qui ont été tentés: le coton, la canne à sucre, le ver à soie, le lin, le chanvre, etc.

Quant à l'industrie, proprement dite, les états officiels la représentent par 27 brasseries, 3 raffineries de sucre,

21 fabriques de savon et de chandelles, 5 manufactures de tabac, 7 fabriques d'étoffes de laine, 4 chapelleries, 4 corderies, 45 tanneries, 3 raffineries de sel, 5 établissements de salaisons, 9 poteries, 65 moulins à vapeur, 26 moulins à vent, 43 moulins à l'eau, 38 moulins à cylindre, 15 fonderies à vapeur, 26 navires de pêche d'un tonnage de 6,103 tonneaux et de 103 navires marchands d'un tonnage de 7,584 tonneaux.

Les richesses naturelles exploitées jusqu'ici consistent en mines inépuisables de houille, de cuivre et de plomb. On sait aussi que le sol est très-riche en minerais de fer et en marbre de toute beauté; mais le défaut de communications et le manque de bras ont empêché, jusqu'ici, d'en tirer parti.

Toutes ces industries réunies, qui à elles seules suffiraient pour assurer l'avenir du pays, n'occupent cependant que la petite part de l'activité coloniale, et ce n'est pas là qu'est le mouvement; il se trouve dans les montagnes, dans les bois, dans les solitudes, au milieu de nombreux troupeaux qu'il faut conduire, surveiller, diriger.

Un document statistique établit la proportion suivante dans la répartition du travail.

Le commerce occuperait. .	10 %	de la population.
L'agriculture et l'élève du bétail	51	»
L'industrie.	12	»
La marine.	8	»
Les professions diverses. . .	1	»
Les rentiers.	2	»
Les domestiques et ouvriers.	14	»
Les pauvres.	2	»

Les religions seraient représentées comme suit :

Protestante.	47 %	de la population.
Catholique.	31	»
Presbytérienne.	10	»
Réformiste.	10	»
Juive et autres.	2	»

Certes la colonie manque encore d'ouvriers teinturiers, charpentiers, menuisiers, serruriers, tapissiers, cordonniers, tailleurs, cuisiniers, modistes, couturières, lingères, domestiques et servantes de toutes les conditions, etc., etc.; mais des milliers d'hommes et de femmes qui accepteraient l'existence nomade et isolée des campagnards, seraient certains, pourvu qu'ils mènent une vie régulière et qu'ils ne soient pas dépourvus d'une certaine énergie, de se créer au moins une honnête aisance. Une ferme bien conduite serait le plus sûr moyen d'arriver à la fortune, car la terre ne demande que peu de main-d'œuvre et pas du tout d'engrais. Mille exemples viennent à l'appui de ce qui précède. On cite des squatters qui, il y a dix ans, étaient simples domestiques, et qui sont aujourd'hui propriétaires de troupeaux de 21 à 25,000 moutons ; d'autres possèdent jusqu'à 10,000 bœufs et 1,200 chevaux. Si quelques exemples contraires peuvent être cités, ils concernent, pour la plupart, les cadets de famille de l'Angleterre, peu faits pour être bergers ou fermiers, et qui, pour se soustraire à leur isolement, viennent à Sydney passer une partie de l'année, abandonnant ainsi la surveillance et la gestion de leurs intérêts à des domestiques. Les cadets de famille ne sauraient convenir pour faire de bons squatters : il ne faut, pour cette profession, que des gens élevés à la campagne, habitués au travail des champs et se contentant de la solitude.

La journée d'un simple ouvrier est de 5 schellings (francs 6,25), et, contrairement à ce qui se passe en Europe, ce ne sont pas les ouvriers qui se plaignent de manquer d'ouvrage, ce sont les maîtres qui se plaignent de manquer d'ouvriers. Croirait-on que la plupart de ceux-ci ne veulent travailler que trois jours de la semaine? En effet, pour ceux qui ne visent pas à l'économie, les 15 schellings gagnés par eux en trois jours sont plus que suffisants pour subvenir à leur entretien d'une semaine, car les objets de première nécessité sont à fort bas prix. Pour en donner une idée, on saura que la ration du soldat anglais, qui se compose d'une livre de viande de la première qualité et d'une livre de pain du plus beau froment, coûte journellement au Gouvernement un peu moins de 2 pences (20 centimes).

L'intérêt qui s'attache naturellement, en Belgique, à tout ce qui est agriculture ou élève du bétail fait que quelques données sur la position et les avantages du squatter ne sauraient ici être déplacées. Ce n'est, du reste, qu'en prodiguant tous les renseignements, qu'en provoquant jusque dans les plus petits villages de fréquentes réunions de cultivateurs où publiquement on faisait connaitre les ressources de l'Australie, qu'on est parvenu, en Angleterre, à décider d'abord quelques fils de fermiers à venir ici tenter la fortune. Qui eût pu prédire alors que cet humble noyau de l'émigration aurait un jour procuré au commerce des laines de son pays la plus merveilleuse des révolutions, et qu'il deviendrait, en moins de 30 ans, l'élément le plus riche, le plus notable, le plus nombreux d'une population de plus de 300,000 âmes? Cependant le terrain occupé par les squatters est à peine marqué sur la carte et déjà l'Australie est devenue la rivale redoutable de l'Espagne, de la Saxe, de la Moravie et de la Silésie. Naguère encore, l'Angleterre n'était-elle pas tributaire de ces pays, et cela pour des sommes considérables, pour les laines qui offraient le plus d'élasticité, de douceur, de moelleux; qui n'avaient besoin que de peu d'apprêt, et qui, par conséquent, se façonnaient à moins de frais? Aujourd'hui que les métis les plus renommés, que le sang le plus pur ont été importés dans ces parages et que l'expérience a démontré que le changement de climat n'altère en rien la qualité de leur laine, les Anglais trouvent à Sydney, Port-Philippe, Hobart-Town, etc., en échange de leurs produits manufacturés, toutes les qualités de laine désirables, à des prix beaucoup plus avantageux. (Le tableau nº 5 permettra aux intéressés de se faire une idée des importations en Angleterre.)

Le squatter, à son arrivée dans la colonie, a le droit de choisir lui-même le terrain qui lui convient. L'impôt annuel à payer est de 10 livres sterlings pour chaque partie de terre qui peut nourrir 4,000 moutons. Il paie en outre un demi penny (5 centimes) pour frais de police, pour chaque tête de bétail. Le Gouvernement, en vertu du bill sur les terres vagues, discuté à la Chambre des communes en 1847, fait mesurer et apprécier le terrain choisi, et accorde au squatter un bail de 14 ans après l'expiration duquel les terres redeviennent du domaine de l'État, et sont exposées en vente au prix d'une livre sterling l'acre. S'il ne se présente pas d'acheteur le bail est renouvelé. Il est entendu que, soit pour l'achat, soit pour le renouvellement du bail, l'ancien locataire a toujours la préférence.

On pense généralement, dans la colonie, que les trois quarts de ces terres ne se vendront jamais, ou du moins, pas dans un délai de 14 ans. Le bill sur les terres vagues n'aurait été voté, dit-on, que pour arracher la propriété au régime de l'arbitraire, et pour faire cesser ainsi un état de choses jusques-là mobile et incertain. Quoi qu'il en soit, en cas d'achat, outre la livre sterling à payer par acre, l'acquéreur aurait encore à rembourser à son prédécesseur toutes les dépenses faites par lui pour constructions de maisons, granges, hangars, enclos, clairières, etc, ce qui, vu la chèreté de la main-d'œuvre et la difficulté du transport des matériaux, pourrait faire monter très-haut l'expertise.

Ainsi le squatter, moyennant une légère contribution (moins de 500 francs par an), peut presque compter qu'il occupera pendant toute sa vie, dans un des plus sains pays du monde, une partie de terre évaluée à 12,000 acres, et sur laquelle, indépendamment de ses brebis, il pourra élever des bœufs, des chevaux, des porcs, des chèvres, et cultiver en outre, presque sans frais, tout ce qu'il jugera convenable pour l'entretien de sa famille.

Examinons maintenant les avantages que donne un troupeau de moutons.

Le calcul qui suit, quoique incomplet et péchant par l'absence de beaucoup de détails, expliquera cependant, d'une manière générale, l'accroissement si rapide du bétail en Australie, et comment il se fait qu'il y a, dans ces contrées, des propriétaires qui possèdent jusqu'à 30,000 moutons et 10,000 bœufs. Ces détails, donnés par deux anciens squatters, hommes très-honorables, retirés aujourd'hui des affaires, et entièrement désintéressés dans la question, sont ici consignés avec toute la sécurité désirable.

On suppose un squatter établi et propriétaire de 4,000 brebis ; les frais qu'il aura à supporter, pendant une année, seront les suivants :

DÉPENSES.

	Liv.	Sch.	Penc.
1° Frais de police ½ penny par tête de bétail.	8	6	»
2° Impôt.	10	»	»
3° Gages de trois bergers et de deux femmes de peine.	160	»	»
4° Lavage de ses moutons : huit laveurs pendant six jours, à 5 schellings par jour et par homme. .	12	»	»
5° Frais de tonte à 3 schellings les 20 moutons.	30	»	»
6° Frais de boisson et de surveillance pendant le lavage, etc.	15	»	»
7° Frais d'emballages, achats de sacs, etc. (évalués à 10 schellings par ballot).	13	10	»
8° Transport de sa laine jusqu'à Sydney (1 penny par livre). . .	33	12	11
Total des dépenses. .	282	8	11

RECETTES.

La mortalité du troupeau étant en moyenne de 5 %, il ne lui restera, au moment de la tonte, que 3,800 moutons qui, à 2 livres 2 onces par tête lui donneront 8,075 livres. La vente étant faite à 14 pences la livre, donnera un produit de 471 livres sterlings et 10 pences.

La valeur de sa laine lui laisse donc déjà un bénéfice de près de 200 livres sterlings, mais voyons comment sera composé son troupeau. On a vu déjà, que la reproduction était de 85 °/₀ et la mortalité de 5 °/₀. Il est juste d'admettre que la moitié des brebis ne mourra qu'après avoir donné son agneau, ce qui fait qu'on peut se baser sur un nombre de 3,900 brebis, qui, dans la proportion indiquée, donneront par conséquent 3,315 petits. Ainsi, au bout de l'année, le troupeau sera de 3,800 brebis et de 3,315 agneaux; et ces derniers, mis bas en septembre, donneront, l'année suivante, autant de laine que les plus âgés, et reproduiront à leur tour dans la même proportion.

De pareils avantages n'ont pas besoin d'être plaidés, ils sont laissés à l'appréciation des familles laborieuses de Belgique qui, après avoir épuisé toutes les ressources de leur activité et de leur courage, ont à peine amassé, au bout de l'année, de quoi pouvoir payer leur propriétaire.

Mais déjà l'Angleterre n'est plus seule à apprécier l'Australie. L'Allemagne fournit maintenant, chaque année, son contingent à l'émigration. Il y a six ou sept ans, les deux premiers navires de la Confédération germanique, ayant à leur bord deux ou trois cents émigrants, vinrent mouiller devant Port-Adélaïde (Australie sud). Ils achetèrent du Gouvernement, 1,200 acres de terre à une livre sterling l'acre, mais ne purent en payer que la moitié au comptant. La récolte de la première année permit de dégrever leur propriété, et ils avaient, de plus, commencé la la fondation d'un village. Bientôt les nouvelles données par eux dans la mère-patrie provoquèrent l'arrivée d'autres compatriotes, et aujourd'hui, grâce aux renforts successifs qu'ils reçoivent tous les ans, deux beaux villages, habités seulement par des Allemands, se sont élevés comme par enchantement, et on les cite comme les plus riches et les plus prospères de l'Australie sud [1].

Puisse cet exemple être bientôt suivi en Belgique, où l'esprit d'ordre et d'accumulation est assez répandu et où le génie de l'exploitation ne manque pas. En moins de six à huit ans, un établissement de colons belges, bien dirigé, aurait tiré un parti immense des avantages qui abondent dans ce beau pays. De gros bénéfices procureraient bientôt aux travailleurs une aisance difficile à acquérir aujourd'hui en Europe, et les colons rendraient en outre un service signalé au pays, non-seulement en y provoquant le goût de l'émigration, mais aussi en posant les bases d'un commerce d'échange susceptible, en peu de temps, de devenir fort considérable.

Sydney est resté le siége principal de la puissance britannique dans ces belles contrées ; cette ville est à la fois la métropole intellectuelle, politique et commerciale de toute l'Océanie centrale. Indépendamment du commerce immense qui forme un lien entre l'Angleterre et toute la côte sud-est de l'Australie, le Port-Jackson, heureusement situé à égale distance des comptoirs de l'Inde, de la Chine, de l'Amérique, entretient des relations suivies avec tous ces pays. Son commerce étant en outre favorisé par des droits de transit peu élevés, et ses entrepôts étant régulièrement alimentés par les nombreux arrivages de l'Angleterre, il en résulte que les îles environnantes telles que la Nouvelle-Zélande, la Terre Van-Diemen, les Nouvelles-Hébrides, Tahïti et en général toutes les îles de

(1) On assure qu'un nouvel établissement allemand va se fixer dans le district de Port-Philippe.

l'Océanie, mais principalement la Californie, trouvent toujours à Sydney, non-seulement tous les produits manufacturés désirables, mais encore les articles de première nécessité, tels que farine, viande, bois de construction et autres, sucre raffiné, houille, etc., etc., qui, comme on peut s'en assurer aux détails donnés plus loin à chaque article, sont livrés au commerce à fort bas prix.

En 1849, les navires qui ont pris chargement à Sydney pour San-Francisco sont au nombre de 47, d'un tonnage de 9,972 tonneaux ; 25 navires, d'un tonnage de 3,498 tonneaux, y ont également pris chargement pour les îles de l'Océanie.

Cette année, pendant les cinq premiers mois, du 1er janvier au 1er juin, les relevés de la douane accusent qu'il est déjà parti de Sydney pour San-Francisco :

20	navires	anglais	d'un tonnage de	9,690	tonneaux.
11	»	de la colonie	»	1,364	»
1	»	américain	»	193	»
1	»	suédois	»	139	»
1	»	danois	»	270	»

La progression est donc des plus sensibles, et l'on se ferait difficilement une idée du mouvement de cette ville de 51,000 âmes. A chaque instant on voit arriver des navires de presque toutes les parties du monde ; l'activité qui résulte des chargements, déchargements, le grand nombre de barques, canots, yachts et jusqu'à de petits bateaux à vapeur qui se croisent sans cesse dans la rade, donnent au port, peut-être le plus beau et le plus vaste du monde, cet aspect et ce mouvement que l'on ne rencontre que dans les plus grandes cités commerciales.

En 1848, il est entré dans les deux ports de la Nouvelle-Galles du Sud 996 navires d'un tonnage de 199,304 tonneaux ; il en est sorti 945 d'un tonnage de 187,322 tonn.

La valeur importée a été de 1,556,550 livres sterlings, et l'exportation a atteint le chiffre de 1,830,368 id.

Les états n° 1, 2, 3 et 4 donnent le détail des articles importés et exportés.

En 1849, bien que les relevés officiels étaient encore attendus au moment où l'on s'occupe de la présente, des renseignements recueillis à la douane constatent, sur 1848, une augmentation d'un neuvième dans le mouvement commercial ; et l'année 1850, au 1er juin, comparée à l'époque correspondante de 1849, était dans une voie plus progressive encore.

Il y a à Sydney deux compagnies d'assurances : on y assure une cargaison jusqu'à Londres à 2 % contre perte totale et 2 ½ % contre avarie.

Quatre banques, au capital de 2,000,000 de livres sterlings, facilitent les transactions commerciales ; elles sont toujours disposées à escompter de bons billets n'importe de quelle valeur. Deux de ces établissements ont des succursales à la Terre-Van Diemen, à la Nouvelle-Zélande, à Port-Philippe et à Port-Adélaïde.

Comme les finances ont une action directe sur les affaires, il convient, avant d'entrer dans de plus longs détails sur le commerce, de donner, au préalable, des informations sur la situation des banques précitées. L'état ci-joint permettra de se faire une idée de leur importance et du degré de confiance qu'on leur accorde.

SITUATION DES BANQUES DE L'AUSTRALIE AUX DATES SUIVANTES :

(Les chiffres représentent des livres sterlings.)

DATES	POPULATION DE LA NOUVELLE-GALLES DU SUD.	ESPÈCES EN CAISSE.	BILLETS EN CIRCULATION.	SOMMES DÉPOSÉES.	BILLETS ESCOMPTÉS.
1er janvier 1847.	196,704 habit[ts].	726,257	208,468	1,210,134	1,685,958
1er janvier 1849.	220,474 »	608,255	243,038	1,126,940	1,687,668
1er juin 1850.	250,000 »	700,000	250,000	1,500,000	1,600,000

Cet état fait voir :

1° Que depuis trois ans l'argent en caisse n'a pas beaucoup varié. Ceci s'explique par le cours du change qui ne peut jamais monter au delà de 2 ½ à 3 % de prime, car s'il dépassait ce taux, les négociants, au lieu d'envoyer des traites sur Londres, auraient intérêt à y envoyer leurs fonds.

2° Que les billets en circulation n'augmentent qu'au fur et à mesure de l'augmentation de la population et que les valeurs en caisse sont toujours plus que doublement suffisantes pour faire face à toute catastrophe.

Quant aux sommes déposées, elles ne peuvent pas être prises pour base dans l'appréciation, car au 1er janvier 1847 on a su qu'une bonne partie de ces valeurs provenait de billets déjà escomptés qui, comme on le voit, atteignaient alors à peu près la même valeur qu'aujourd'hui. Ainsi la seule chose qui accuserait là un accroissement de richesses, et qui prouverait que les sommes déposées sont maintenant la propriété des habitants, c'est qu'à la fin du 1er trimestre de cette année tous les billets échus, à quelques rares exceptions près, ont été payés.

Quoi qu'il en soit, ce qui précède démontre à l'évidence que les banques sont dans la situation la plus prospère. Le capital étant de 2,000,000 de livres, et la différence entre les sommes déposées et les billets escomptés n'étant que de 300,000 livres, il s'ensuit qu'il y a 1,700,000 livres du capital qui peuvent être utilisées ailleurs. La colonie s'est aussi nécessairement enrichie, puisque avec la même somme d'argent escomptée, on satisfait à de plus fortes transactions commerciales et aux besoins de 50,000 habitants de plus.

S'il fallait une autre preuve de l'abondance du numéraire, on citerait le fait suivant : l'année dernière, le Gouvernement de la Nouvelle-Galles du Sud contracta un emprunt de 100,000 livres sterlings, hypothéqué sur les terres vagues, pour payer le passage des émigrants. Cet emprunt, qui porte l'intérêt de 4 3/4 % a été vendu avec prime de 2 à 3 %.

On peut encore, à l'appui de ce qui précède, faire remarquer que dans aucune colonie le taux de l'escompte n'est à aussi bas prix qu'en Australie. Les billets au-dessous de cent jours, n'importe de quelle valeur, peuvent toujours être escomptés à raison de 6 % par an. Pour ceux au delà de cent jours, l'intérêt annuel est de 8 %.

Le cours du change est ordinairement comme suit : janvier, février et mars étant l'époque de l'envoi en Angleterre de fortes parties de laine, les négociants et les squatters ont nécessairement beaucoup de traites à vendre. Pendant ce temps, les banques vendent leurs billets sur Londres à trente jours de vue, à un escompte qui varie de 1 à 2 %, parce qu'elles peuvent alors acheter les traites de commerce à un escompte de 2 à 3 %. Ces trois mois marquent donc la période la plus avantageuse pour faire des remises en Europe, puisque à toute autre époque de l'année le cours du change est toujours au taux de 1 à 3 % de prime.

Melbourne, capitale du riche district de Port-Philippe, est la seconde ville de la Nouvelle-Galles du Sud aussi bien que la seconde en importance de l'Australie ; elle est située sur l'Yarra, à cinq milles de la mer, et sa population est aujourd'hui de 15,000 âmes. Une circonstance qui affecte la prospérité de cette ville, c'est que les navires d'un fort tonnage doivent rester à l'embouchure du fleuve, accessible seulement aux bâtiments d'un léger tonnage. Pour parer à cet inconvénient, la ville de Geelong s'élève, comme par enchantement, de l'autre côté de la baie (rive occidentale). Cette ville, plus favorablement située que la capitale et offrant toutes les facilités désirables au commerce et à la la navigation, est appelée à la dépasser bientôt en importance.

Le district de Port-Philippe est du ressort administratif de Sydney, et se trouve aussi dans la situation la plus prospère. D'année en année, son commerce suit une voie sensiblement progressive, et la quantité de laine qu'il fournit maintenant à l'exportation égale presque celle qui s'expédie de Sydney. Les états nº 3 et 4 donnent le détail des articles importés et exportés en 1848. L'industrie, le commerce, les usages, les besoins, les frais de navigation, les droits de douane, etc, y sont les mêmes qu'à Sydney. On assure qu'à la requête des habitants, l'Angleterre n'est pas éloignée de séparer ce district de la Nouvelle-Galles du Sud, pour former à lui seul une colonie qui prendrait le nom de Victoria.

Après Melbourne vient Adélaïde, ville de 12,000 âmes et capitale de l'Australie sud. Cette colonie, qui date seulement de 1836, contient 200,000,000 d'acres de terre carrées, et sa population est d'environ 34,000 âmes. On peut lui prédire, dès aujourd'hui, le plus bel avenir; si ces ressources ne tiennent pas, comme dans les autres établissements de l'Australie, à ses paturages, si le terrain y est moins favorable à l'élève du bétail, et si les laines laissent à désirer sous le rapport de la qualité, en revanche le sol est des plus fertiles et assure le plus grand succès à l'agriculture. Le froment qu'on y récolte est d'une qualité si supérieure qu'il s'en exporte, chaque année, d'assez fortes quantités au cap de Bonne-Espérance et même en Angleterre pour y être ensemencées. La colonie repose en outre, appuyée sur de riches et inépuisables mines de cuivre et de plomb. Le cuivre donne de 15 à 60 % et le plomb de 60 à 90 %. Depuis dix-huit mois, on a établi à Adélaïde trois grandes fonderies qui alimentent déjà un commerce qui devient de jour en jour plus considérable, surtout avec les Indes et la Chine, où les besoins sont des plus importants.

Port-Adélaïde est actuellement *port franc*. Les droits de tonnage, de pilotage, de port, d'entrée, d'acquit, de quai, etc., sont abolis. Quant aux droits de douane, ils sont indiqués dans le tarif n° 6, annexé à ce rapport.

Ce qui est de vente à Sydney, l'est également dans l'Australie sud où les usages et les besoins sont les mêmes. Seulement dans la prévision qu'un navire belge y toucherait, on pourrait augmenter de quelques tonneaux la quantité de poudre pour mine à importer, car il s'en fait une forte consommation.

C'est dans les environs de la ville d'Adélaïde que les Allemands ont fondé deux villages, et que l'émigration de ce pays semble se diriger de préférence.

Il reste à parler de l'établissement du Swan-River (Australie septentrionale). Cette colonie date de 1829 et bien que le terrain ait été reconnu d'une qualité supérieure, et qu'il offre au colon la facilité de le mettre immédiatement en culture, elle n'a pas répondu à ce qu'on avait espéré. Une confiance aveugle fit qu'on laissa trop longtemps les premiers émigrants sans communications avec l'Europe, et ils furent décimés par la disette. Il n'en fallut pas plus pour faire naître de fortes préventions contre l'établissement, et il est facile de comprendre, à son peu de développement, qu'aujourd'hui encore ces préventions ne sont pas effacées. Cependant on assure que la supériorité du sol et la salubrité du climat sont évidentes. D'un autre côté, sa position géographique lui permet d'abréger d'un mois la navigation avec l'Europe, et une traversée également moins longue et facile en toutes les saisons, peut lier bien vite cet établissement avec les Indes orientales, l'Ile-de-France et le cap de Bonne-Espérance. On n'y compte encore aujourd'hui qu'environ 7,000 âmes; mais l'administration, sachant bien que l'élément libre serait désormais insuffisant pour aider puissamment à son développement, se décida, l'an passé, d'appeler les condamnés à son aide. L'Angleterre s'empressera, sans doute, d'acquiescer à cette demande et d'en faire un établissement pénitentiaire. L'exécution de cette mesure, en augmentant subitement la population, aurait bientôt révélé, comme jadis dans la Nouvelle-Galles du Sud et dans la Terre Van-Diemen, la somme des ressources de l'Australie septentrionale, et avec le secours du travail des condamnés on verrait s'élever rapidement quelques travaux d'utilité publique, dont l'absence, jusqu'ici, n'a pas peu contribué à obscurcir son avenir. Le siége principal est à Perth, ville située à treize milles de la mer, sur la rivière des Cygnes. Les deux ports sont ceux du Roi-Georges et de Freemantle.

Tous les ports de l'Australie septentrionale sont, comme

dans l'Australie sud, déclarés *ports francs* et, par conséquent, exempts de tous droits.

Il paraît inutile de faire grandement mention de l'Australie nord, qui est encore presque inconnue, et où l'Angleterre, après plusieurs tentatives malheureuses, semble avoir renoncé, pour le moment, à la persévérance qu'elle avait apportée jusqu'ici à y fonder des établissements. Après l'abandon de l'Ile Melville, de la baie Raffles et de Port-Curtis, le navire de guerre le *Meander* vient de ramener à Sydney le détachement de troupes qui gardait le fort de Port-Essington, établissement de Victoria, situé à l'entrée du détroit de Torrès. Cet établissement, qui n'attend, assure-t-on, que des mains industrieuses pour produire en abondance, fut fondé dans le but de s'y livrer à l'industrie de la pêche du tripang, qui rapporte des sommes considérables à la Hollande, et d'y cultiver, en outre, sur une grande échelle, les arbres à épices. L'exécution de ce grand dessein paraît ajournée, et il faut s'empresser de convenir que, pour le moment, les autres établissements de l'Australie imposent déjà assez d'obligations au cabinet britannique, et qu'ils sont assez vastes et assez importants pour réclamer à eux seuls, ses forces et son attention. Néanmoins, la ville de Victoria, sous le rapport nautique et par sa position géographique, a un bel avenir commercial, car tôt ou tard, elle deviendra l'intermédiaire entre Sydney et les nombreux petits navires malais et chinois qui parcourent l'archipel de l'Asie.

Plus à l'est, au delà de Moreton-Baie, le terrain connu est des plus favorables à l'élève du bétail ; aussi les squatters gagnent-ils, chaque jour, de l'espace. Plusieurs d'entre eux ont aujourd'hui franchi les limites assignées au district de Sydney, et se trouvent par conséquent dans l'Australie nord. En l'absence d'un Gouvernement régulier dans cette partie du pays, les squatters paient l'impôt au Gouvernement de la Nouvelle-Galles du Sud et sont considérés comme faisant partie du district de Sydney.

Ce qui précède suffira, pense-t-on, pour donner une idée de la situation et des ressources de l'Australie. Mais le problème capital n'en reste pas moins à résoudre pour le commerce national. Il s'agit de savoir si la Belgique peut venir revendiquer une petite part des avantages commerciaux que l'Angleterre absorbe presque entièrement chaque année. En un mot, l'industrie belge se trouve-t-elle dans des conditions qui lui permettent d'affronter la concurrence étrangère, qui est si active, si intelligente et si bien protégée?

On ne peut répondre à une question aussi délicate et aussi importante, sans avoir fait l'examen le plus soutenu et le plus réfléchi, sans avoir passé en revue les ressources nationales, sans avoir calculé les chances, pesé les probabilités, et surtout sans avoir consulté des hommes désintéressés ayant l'expérience des affaires. Les renseignements donnés et entourés de considérations pratiques sur leur susceptibilité d'application au commerce de la Belgique, quoique rigoureusement contrôlés, n'ont été émis ici avec assurance que sur l'avis de plusieurs négociants honorables, particulièrement au courant des affaires, et résidant dans la colonie depuis de nombreuses années.

Le résultat des diverses investigations qui ont été faites paraît avoir démontré que trois conditions essentielles sont indispensables à la réussite de toute expédition belge dans ces parages.

La première, c'est d'avoir des cargaisons très-variées, et tous les articles choisis dans le goût et les convenances des consommateurs.

Il est constant pour tous que, dans un pays qui offre des retours extrêmement avantageux, et qui est visité par tant de navires anglais, la concurrence, pour la vente des produits européens, doit être excessive. La variété dans une cargaison atténue, en quelque sorte, l'effet de cette concurrence, soit en attirant les marchands, soit en excitant la curiosité publique ; elle a, de plus, l'avantage de ne pas peser, à son arrivée, sur les prix courants dont le baromètre est toujours l'approvisionnement de la place.

Il importe aussi que les articles soient toujours choisis dans le goût et les convenances des consommateurs, car chaque pays a ses modes, ses usages, et il faut, avant tout, savoir les respecter.

A défaut de combinaison et de prévoyance, et en l'absence de renseignements et d'informations exacts, il était facile de prévoir que beaucoup d'articles consignés à bord de l'*Océanie* seraient vendus avec perte. On a reproché aux uns, un mode d'emballage inconnu sur la place; aux autres, un assortiment peu convenable; à ceux-ci, leur mauvaise qualité; à ceux-là, l'absence de perfectionnements de détails auxquels on tient. Il s'en trouvait même dont on n'a pu se défaire à aucun prix et qui ont dû être réexpédiés en Belgique. Tels sont les parapluies rouges, les écharpes satin broché pour dame, etc., dont on ne fait aucun usage dans ce pays. Ensuite, ce n'est pas la première fois qu'on reproche à l'industrie belge de n'apporter aux objets destinés à l'exportation, ni le choix convenable dans la matière première, ni le soin nécessaire dans la fabrication ou confection. Cette manière d'interpréter les choses, si elle est quelquefois avantageuse pour certains articles de fantaisie, ne peut jamais être que préjudiciable aux négociants qui désirent sincèrement établir des relations durables à l'étranger. Malgré ces avertissements, quelques industriels ont encore consigné des articles, sinon de rebut, du moins de pure pacotille. On cite entre autres: la chaussure, les modes, les bougies, etc., etc. Qu'arrive-t-il quand on parvient à se défaire de pareils articles? Quinze jours après la vente on reçoit des plaintes, et ces plaintes viennent jeter un discrédit qui atteint même les articles qui devraient être exempts de reproches. On va donc au devant des mécomptes en envoyant de pareils produits à l'étranger, car outre la fausse idée des ressources du pays qu'ils accréditent nécessairement, ils font encore un tort considérable à toute la cargaison, en confirmant, en quelque sorte, cette conviction de supériorité et de perfection en tout, qui semble exister, principalement en Australie, à l'égard des produits britanniques.

La seconde condition est relative aux frais de navigation (fret et assurance) qui, à l'avenir, ne doivent pas être plus élevés en Belgique qu'en Angleterre.

C'est bien assez pour l'industrie nationale, d'avoir à supporter 10 % de droits de douane de plus que sa rivale, sans lui imposer encore d'autres charges qui la mettraient nécessairement dans l'impossibilité de soutenir une concurrence déjà si redoutable [1]. On a calculé que les produits

[1] Les grandes facilités accordées par la douane et la confiance presque aveugle qu'elle met dans le commerce semblent faire croire qu'elle préfère être un peu sa dupe que de l'entraver. Jusqu'ici il n'y a aucun exemple de préemption, et cependant il est avéré que les déclarations sont souvent faites à 40 % en dessous de la valeur réelle.

nationaux laissés à Sydney, pour être placés dans les mêmes conditions que les produits anglais, doivent avoir été fabriqués en Belgique, à 16 ou 17 °/₀ de moins qu'en Angleterre. Encore n'est-il tenu aucun compte, dans ce calcul, de la prévention qui existe naturellement contre tout commerce naissant. Il est vrai que la cargaison de l'*Océanie* n'était pas en destination de Sydney, mais bien des îles Sandwich, de sorte qu'il est permis de supposer, dans l'intérêt des relations futures, que les charges à supporter par les industriels nationaux ne seront pas plus fortes que celles payées par leurs rivaux.

Le fret de Londres à Sydney est de 10 à 20 schellings le tonneau de 20 quintaux pour les produits lourds, tels que fer, plomb, zinc, cuivre, etc. Pour les liquides en cercles, il est de 20 à 30 schellings le tonneau de 252 gallons.

Pour les marchandises dont l'encombrement ne dépasse pas 40 pieds cubes, il est de 25 à 35 schellings le tonneau.

Pour les marchandises légères et encombrantes, il est de 25 à 35 schellings les 40 pieds cubes.

Les frais d'assurances sont également très-peu élevés. On assure à Londres jusqu'à Sydney, à 1 $^1/_2$ °/₀ contre perte totale et à 2 °/₀ contre avarie.

La troisième condition, c'est de faire un choix heureux d'une maison consignataire. C'est souvent de lui que dépend, jusqu'à un certain point, le succès d'une opération.

Il ne suffit pas de consigner des marchandises à une

maison dont la solidité et la probité sont reconnues : il y manque une qualité essentielle, l'activité. La plupart des maisons de commerce, une fois qu'elles ont les marchandises, ne se soucient pas assez de la vente. Cette circonstance, presque générale, est plus positive encore quand les affaires ne sont pas régulières avec un pays. Le négociant considère alors la consignation comme un cas fortuit ; il n'est pas stimulé par l'appât d'autres profits, et le succès de l'entreprise est ce qui l'inquiète le moins. Le grand point, pour lui, c'est sa commission, et il est certain de l'avoir. Si les marchandises s'écoulent lentement, les frais de location de magasins sont d'autant plus élevés, de manière qu'il a presque intérêt à ne pas vendre.

Une autre considération, secondaire il est vrai, mais qui n'en a pas moins son mérite, c'est l'emplacement du magasin.

On ne croirait pas qu'à Sydney certains magasins sont continuellement visités par les marchands de l'intérieur et par les boutiquiers, tandis que d'autres, aussi bien famés et réunissant la même variété d'articles, le sont rarement, et cela à cause de leur éloignement du centre des affaires. Le temps est une chose précieuse dans le commerce comme partout, et les marchands savent le mettre à profit en ne visitant que les établissements qui se trouvent sur leur passage.

Le choix d'un consignataire probe, actif, intelligent, connu avantageusement par ses antécédents, et se trouvant dans les meilleures conditions pour la vente, est donc de la plus haute importance. Il faut aussi qu'il soit à même de renseigner ses commettants sur toutes les fluctuations du commerce, car quelles que soient l'exactitude et la sécurité avec lesquelles on donne aujourd'hui des informations, renseignements, détails minutieux et même des échantillons pour chaque article convenable, les modes, les goûts, les prix varient d'une année à l'autre. Ainsi ce qui est aujourd'hui d'une vente courante et avantageuse, ne sera peut-être plus, l'an prochain, qu'un article, sinon de rebut, du moins peu recherché. C'est dire que la personne choisie doit être à la fois un bon correspondant et un bon consignataire, toujours à l'affût de ce qui se passe, donnant aux intéressés des renseignements exacts, minutieux, successifs, et ne négligeant, enfin, aucun moyen de faire valoir la supériorité et les avantages des produits qui lui sont confiés.

Du jour où ces conditions pourront être remplies, il est certain que l'industrie belge sera à même d'affronter, dans beaucoup de cas, la concurrence étrangère, et pourra ajouter le marché de l'Australie à tous ceux qu'elle exploite déjà avec succès. Dans cette hypothèse, on pense que trois navires d'un tonnage de 3 à 400 tonneaux, partant d'Anvers à des époques déterminées, pourraient être dirigés sur Sydney, avec la certitude d'y vendre promptement et avantageusement leur cargaison. C'est dans cette proportion que sont indiquées, plus loin, les quantités de chaque article à importer par navire. On pourrait, en outre, de temps en temps, toucher au préalable à Port-Adélaïde et à Port-Philippe, où l'on a déjà vu que les besoins étaient les mêmes, et où il existe aussi des éléments d'activité et de civilisation qui ne sont pas dépourvus d'intérêt pour le commerce belge. Ces deux ports se trouvant sur la route, la perte de temps serait peu sensible. Quant au surcroît de frais à supporter, il n'y en aurait aucun à Port-Adélaïde, mais à Port-Philippe, ils seraient exactement les mêmes qu'à Sydney.

Une mesure qui applanirait bien des difficultés, et qui aurait la plus grande influence sur le développement de nos relations avec l'Océanie, serait l'établissement à Sydney d'un comptoir belge, dont le chef agirait conformément à des instructions positives et étendues, et qui aurait à sa disposition une goëlette de 150 à 200 tonneaux, pour alimenter continuellement notre commerce avec les nombreuses îles de l'Océanie. L'exécution de ce projet, en permettant de réunir dans une espèce de bazar tout ce que notre industrie fournit ou fournirait de plus parfait et de plus convenable pour ces belles contrées, y aurait bientôt révélé la somme des richesses productives de la Belgique, et un commerce d'échange, actif, régulier, suivi, avantageux, ne tarderait pas à prendre racine, non-seulement avec tous les riches établissements de l'Australie, mais encore avec les nombreux pays d'avenir et de ressources des environs, tels que la Terre Van-Diemen, la Nouvelle-Zélande, Tahïti, les îles Sandwich, la Californie, etc., etc.

On pourrait alors doubler les quantités désignées des produits à importer par navire, et augmenter même avec succès les expéditions, en y joignant les articles de grande consommation, tels que les étoffes rases en laine, laine et coton, indiennes, calicots, moleskin, etc., et plusieurs autres, que nos fréquents rapports avec ces différents pays nous auraient bientôt signalés, et qui, à Sydney, sont vendus à des prix qui écartent la concurrence nationale.

Les retours seraient également des plus avantageux, puisqu'ils consisteraient en or, laine, huiles de cachalot, de baleine et de coco, phormium-thenax, écailles de tortue, nacre de perles, arrowroot, etc., etc.

D'un autre côté, les navires, en arrivant à Sydney, après avoir déposé leur cargaison, prendraient immédiatement un chargement de retour, toujours avantageusement préparé d'avance, et l'on préviendrait ainsi toute perte de temps en même temps que tout surcroît de frais.

Bon nombre de négociants de Sydney ont ainsi un petit bâtiment qui ne fait qu'exploiter les parages voisins, et ils en retirent d'énormes profits. Nous serions placés dans de meilleures conditions qu'eux, attendu que nos cargaisons seraient toujours de première main ; et nous pourrions en outre écouler les produits dont la vogue serait passée à Sydney et dans l'Australie, ainsi que ceux dont la vente serait lourde ou chanceuse. Le chômage ne serait jamais à craindre, car, dans les moments de trève, on enverrait la goëlette prendre un chargement de charbon à New-Caslte, ce qui rapporterait toujours un bon fret.

Les considérations qui précèdent sont de nature à être sérieusement analysées par le commerce national, et l'on est en droit d'espérer que sous les auspices d'un Gouvernement si protecteur et qui a déjà donné tant de gages de son sincère désir de voir se développer l'industrie et le commerce du pays, la route de la cinquième partie du monde sera bientôt rendue familière à la navigation belge et peut-être aussi à l'émigration.

Déjà on est heureux de pouvoir annoncer l'arrivée prochaine en Belgique du gérant d'une des principales maisons de Sydney.

M. Montefiore, de la maison Montefiore Graham et Cie, à l'obligeance et aux soins éclairés de qui on est redevable de plusieurs renseignements contenus dans ce rapport, jouit à Sydney, ainsi que dans toute l'Océanie, d'une réputation de solidité, de prudence et de sévère probité justement acquise.

Sa maison a une succursale à Port-Adélaïde (Australie sud) sous la raison Montefiore et Cie. Deux de ses frères ont en outre des intérêts dans la maison Hort frères et Cie, dont le siége principal est à Tahïti, laquelle maison a une succursale à San-Francisco et une autre à Honololu (îles Sandwich), toutes deux sous la même raison. Enfin ses correspondants sont partout choisis parmi les négociants les plus recommandables. Ainsi à Port-Philippe, il est en rapport avec la maison D. R. Furtado;

A Hobart-Town, avec Guillaume Knight;

A Wellington (Nouvelle-Zélande) avec Herven Johnstone.

M. Montefiore se rend en Belgique pour y faire des achats; il compte visiter les principaux établissements industriels et se mettre ainsi en rapport avec les négociants qui désireraient entretenir des relations de commerce dans les parages de l'Océanie.

Parmi le grand nombre d'autres maisons de Sydney, également très-recommandables et se trouvant dans de bonnes conditions pour la vente, on peut citer celles de :

Brown et Cie.
Flower Salting et Cie.
Griffiths Fanning et Cie.
Gilchrist et Alexander.
Lamb Parbury et Cie.
Smith Croft et Cie.
Thacker et Cie.

Toutes ces maisons jouissent, à juste titre, du plus grand crédit, et font des affaires considérables; elles se conforment toutes, pour les conditions, aux usages de la place qui sont :

Commission de vente, 5 %.
Garantie ou ducroire, 2 1/2.

Pour achat de marchandises de retour, qu'il se fasse ou non au moyen de fonds transmis, 2 1/2 %.

Pour transport du quai aux magasins et des magasins à la maison des acheteurs, les frais sont d'environ 4 schellings le tonneau ou de 6 à 12 pence le colis.

La location des magasins, sans avoir égard au terme de durée du séjour, et les menu frais de réparations aux colis, etc., peuvent être comptés, terme moyen, à 1 1/2 %.

Toutes les ventes dont la valeur dépasse 25 livres sterlings se font au terme de 3 à 6 mois; mais, aussitôt la vente effectuée, on peut toujours escompter les traites, n'importe pour quelle valeur.

Les monnaies et les lois qui régissent le commerce sont les mêmes qu'en Angleterre. Les frais d'un protêt s'élèvent de 20 à 25 %.

Frais à supporter par un navire entrant dans le port de Sydney.

DROIT DE PILOTAGE.

	Liv.	Sch,	Penc.
Pour un navire tirant 7 pieds d'eau et au-dessous.	2	»	»
Id. de 8 pieds et au-dessous de 9.	2	2	6
Id. 9 » » 10.	2	5	»
Id. 10 » » 11.	2	10	»
Id. 11 » » 12.	2	15	»
Id. 12 » » 13.	3	»	»
Id. 13 » » 14.	3	5	»
Id. 14 » » 15.	3	10	»
Id. 15 » » 16.	3	15	»
Id. 16 » » 17.	4	»	»
Id. 17 » » 18.	4	5	»
Id. 18 » » 19.	4	10	»
Id. 19 » » 20.	4	15	»
Id. 20 » » 21.	5	»	»
Id. 21 » » 22.	5	10	»

Et ainsi de suite en augmentant de 10 schellings par pied.

DROIT DE PHARE.

Deux pences par tonneau.

DROIT D'ANCRAGE.

Pour un navire de 100 tonneaux. 5 schell.
» de 100 et moins de 200 ton. 10 »

Et ainsi de suite en augmentant de 5 schellings par 100 tonneaux.

DROIT DE POLICE.

Trois pences par tonneau.

DROIT DE COURTAGE.

Deux livres sterlings par navire, n'importe de quel tonnage.

Chaque maison consignataire exige, en outre. 2 1/2 % sur tous les frais faits par le navire pendant son séjour dans le port.

Les navires qui entrent sur lest et qui sortent sans avoir pris de chargement, de même que tous les baleiniers, sont exempts de tous droits.

TARIF DES DOUANES.

Tous les pavillons étrangers à l'Angleterre sont admis sur le même pied.

Les marchandises anglaises ne paient aucun droit, à l'exception des esprits et du tabac, pour lesquels il n'y a pas de distinction de pavillon.

Tout ce qui n'est pas de production britannique paie 10 % de la valeur, n'importe sous quel pavillon il est importé.

SONT EXCEPTÉS :

Le rhum, pour lequel on paie	3 ½ sch.	le gallon.
Toutes les autres liqueurs (1) paient	6 »	»
Tabac fabriqué	2 sch.	la livre.
Tabac non fabriqué.	1 ½ »	»
Thé, sucre, et toutes les espèces de grains.	5 %	de la valeur.
Pour tous les vins.	15 %	»

DROIT DE QUAI.

Se paie par colis et peut être évalué, terme moyen, à 1 schelling 8 pence par tonneau, pour tous les produits, manufacturés et autres, et 2 schellings 4 pence pour les métaux.

(1) Ces droits augmentent ou diminuent selon que les liqueurs, par leur degré de force, se trouvent au-dessus ou au-dessous de l'épreuve de l'hydromètre de Syke.

DÉTAIL

DES

ARTICLES QUI FONT L'OBJET D'UN COMMERCE RÉGULIER

ENTRE

L'EUROPE ET L'AUSTRALIE,

AVEC DES OBSERVATIONS PARTICULIÈRES

POUR CHACUN D'EUX.

Faïence, Porcelaine et Gobeleterie.

Les Anglais ont été seuls, jusqu'ici, en possession de ce commerce, et la valeur consommée annuellement à Sydney est de 18 à 19,000 livres sterlings.

La principale consommation roule sur la faïence et la gobeleterie. La porcelaine est de vente limitée.

Il y avait à bord de l'*Océanic* divers articles provenant de la manufacture de M. Cappellemans aîné, à Bruxelles; ils ont prouvé à Sydney que la Belgique, quoique placée désavantageusement à l'égard des frais de douane et de navigation, pouvait néanmoins, et pour beaucoup d'articles, soutenir la concurrence. Si les produits céramiques nationaux n'ont pas tous été vendus comme on l'espérait, c'est que les assortiments n'étaient pas convenables pour le pays. Il faut savoir gré, toutefois, à M. Cappellemans d'avoir tenté un essai qui ne lui a rapporté que très-peu ou point de bénéfices, mais qui lui assure des placements avantageux pour l'avenir. Déjà une ou deux bonnes maisons se sont mises directement en relations avec lui, et des commandes assez importantes lui ont été faites. C'est dire qu'à dater d'aujourd'hui la Belgique peut ajouter le marché de l'Australie à tous ceux qu'elle exploite déjà avec succès.

Par ces considérations, et par l'importance de cette branche d'industrie en Belgique, on a cru devoir joindre à la présente un échantillon de chacun des articles qui sont toujours de vente courante à Sydney et dans les ports de l'Océanie. Ces échantillons devront être rigoureusement consultés par tous ceux qui seront dans le cas de faire de nouvelles entreprises.

Les prix moyens de vente et la quantité de chaque espèce à importer par navire permettront aux intéressés de ne faire qu'un choix convenable et avantageux.

ASSORTIMENT DE FAIENCE (PAR NAVIRE).

15 douzaines Plats assortis (bleu willow) de 16, 14, 12, 11, 10 pouces, échantillons n° 25-29.
Prix de vente : 9 à 14 sch. la douzaine.

25 » Plats assortis (flowing bleu) de même dimensions que ci-dessus, échant. n° 30-34.
Prix de vente : 16 à 22 sch. la douzaine.

18 » Plats à pudding assortis (bleu willow); échant. n° 35-38.
Prix de vente : 11 à 14 sch. la douzaine.

18 » Plats à pudding assortis (flowing bleu), échant. n° 34-42.
Prix de vente : 14 à 16 sch. la douzaine.

12 douzaines Plats à gigot et à bassin (bleu willow), échantillon n° 43.
Prix de vente : 4 schellings la pièce.

100 » Assiettes plates à couteaux (bleu willow), échant. n° 44.
Prix de vente : 3 à 4 sch. la douzaine.

50 » Assiettes à soupe, échant. n° 45.
Prix de vente : 3 à 4 sch. la douzaine.

50 » Assiettes a dessert, échant. n° 46.
Prix de vente : 3 à 4 sch. la douzaine.

50 » Assiettes à déjeuner, échant. n° 47.
Prix de vente : 2 sch. 9 p. la douzaine.

50 » Assiettes à fromage, échant. n° 48.
Prix de vente : 2 1/2 sch. la douzaine.

80 » Assiettes plates à couteaux (flowing bleu), échant. n° 49.
Prix de vente : 3 1/2 à 4 sch. la douzaine.

40 » Assiettes à soupe, échant. n° 50.
Prix de vente : 3 1/2 à 4 sch. la douzaine.

40 » Assiettes à dessert, échant. n° 51.
Prix de vente: 3 1/2 à 4 sch. la douzaine.

40 » Assiettes à fromage, échant. n° 52.
Prix de vente : 3 sch. la douzaine.

6 » Soupières avec couvercles (bleu willow), échant. n° 53.
Prix de vente : 4 1/2 sch. la pièce.

18 » Plats à légumes, couverts, échant. n° 54.
Prix de vente : 18 à 22 sch. la douzaine.

18 » Plats à légumes, couverts (flowing bleu), échant. n° 55.
Prix de vente : 20 à 24 sch. la douzaine.

2 » Garnitures de lavabo, imprimées, complètes et d'une forme élevée, échant. n° 56.
Prix de vente : 5 sch. la garniture.

2 douzaines Garnitures de lavabo, blanches, complètes et d'une forme élevée, échantillon n° 57.
Prix de vente : 3 sch. la garniture.

2 » Garnitures id. imprimées, échant. n° 58.
Prix de vente : 2 sch. 3 p. la garniture.

2 » Garnitures id. plus petites, échant. n° 59.
Prix de vente : 2 sch. la garniture.

2 » Garnitures id. id., échant. n° 60.
Prix de vente : 1 sch. 8 p. la garniture.

2 » Garnitures id. blanches, échant. n° 61.
Prix de vente : 1 sch. 3 p. la garniture.

6 » Pots de chaise percée (faïence blanche), de 12 pouces, échant. n° 62.
Prix de vente : 2 sch. 6 p. la pièce.

6 » Pots id. de 10 pouces, échant. n° 63.
Prix de vente : 2 sch. la pièce.

50 » Tasses à déjeuner et soucoupes (imprimées lilas), échant. n° 64.
Prix de vente : 9 sch. la douzaine.

50 » Assiettes à id. échant. n° 65.
Prix de vente : 6 sch. la douzaine.

4 » Bols à id., échant. n° 66.
Prix de vente : 6 sch, la douzaine.

4 » Sucriers à id., échant. n° 67.
Prix de vente : 6 sch. la douzaine.

4 » Pots à lait, échant. n° 67.
Prix de vente : 6 sch. la douzaine.

48 » Coquetiers, échant. n° 68.
Prix de vente : 3 1/2 sch. la douzaine.

48 » Tasses bistres, échant. n° 69.
Prix de vente : 7 1/2 sch. la douzaine.

48 » Assiettes id., échant. n° 70.
Prix de vente : 6 sch. la douzaine.

4 » Bols id. échant. n° 71. Prix de vente : id.

4 douzaines Sucriers bistres, échantillon n° 72.
Prix de vente : 6 sch. la douzaine.

4 » Pots à lait gris, échant. n° 73.
Prix de vente : 9 sch. la douzaine.

72 » Tasses assorties à déjeuner avec soucoupes, imprimées en bleu, échant. n°s 74-76.
Prix de vente : 4 à 5 sch. la douzaine.

6 » Théières imprimées, échant. n° 77.
Prix de vente : 2 sch. la pièce.

6 » Pots de $^1/_2$ pinte id., échant. 78.
Prix de vente : 3 $^1/_2$ p. la pièce.

6 » Pots de 1 pinte id., échant. n° 79.
Prix de vente : 4 p. la pièce.

6 » Pots de 1 $^1/_2$ pinte, id. échant. n° 80.
Prix de vente : 4 p. la pièce.

6 » Pots de 1 pinte (flowing blue), éch. n° 81.
Prix de vente : 6 p. la pièce.

18 » Coquetiers id., échant. n° 87.
Prix de vente : 3 $^1/_2$ sch. la douzaine.

18 » Coquetiers imprimés, id., échant. n° 88.
Prix de vente : 2 $^3/_4$ sch. la douzaine.

18 » Coquetiers id. bleus, échant. n° 89.
Prix de vente : 2 $^3/_4$ sch. la douzaine.

4 » Pots de 3 pintes, échant. n° 90.
4 » » 2 pintes, échant. n° 91.
4 » » 1 $^1/_2$ pinte, échant. n° 92.
Prix de vente : 1 $^1/_2$ sch. la pièce.

4 » » 2 pintes, imprimés, échant. n° 93.
4 » » 1 pinte, » échant. n° 94.
Prix de vente : 13 et 12 sc. la douz.

4 » » 3 pintes, imprimées, échant. n° 95.
Prix de vente : 2 sch. la pièce.

4 » Moules pour blanc manger, échant. n° 96.
Prix de vente 1 $^1/_2$ sch. la pièce.

4 douzaines Moules pour blanc manger (faïence blanche), échant. n° 97.
Prix de vente : 1 sch. la pièce.

48 » Pots blancs à confitures (assortis), échant. n°s 98-101.
Prix de vente : 4 sch. la douzaine.

12 » Bols imprimés bleus, échant. n° 102.
Prix de vente : 2 3/4 sch. la douzaine.

12 » Bols imprimés bleus, échant. n° 103.
Prix de vente : 2 sch. la douzaine.

12 » Bols à pudding, échant. n° 126.
Prix de vente : 1/2 sch. la pièce.

12 » Bols à pudding, échant. n° 127.
Prix de vente : 1/4 sch. la pièce.

12 » Beurriers avec plateaux (flowing blue), échant. n° 128.
Prix de vente : 1 sch. 10 p. la pièce.

12 » Sucriers avec couvercles coloriés, échant. n° 129.
Prix de vente : 1 sch. 10 p. la pièce.

On peut y ajouter 24 services à dessert en faïence colorée en vert en plein, composés comme suit : 2 plats ovales, 2 carrés longs et 2 ronds (coquilles), une pièce de centre et 12 assiettes coquilles. Ces dernières doivent être de 7 pouces et les plats de 9 pouces.

On obtient pour chaque service ainsi composé 35 à 40 schellings.

Les pots dorés assortis seraient aussi de bonne vente ; plusieurs marchands ont témoigné le désir de voir arriver cet article à Sydney ; les numéros demandés sont de 24-30 et 36. On pourrait en importer 6 douzaines de chacun de ces numéros.

Assortiment de porcelaine à importer par navire.

12 douzaines Tasses blanches, filet or, avec soucoupes, échant. n° 82.
Prix de vente : 18 sch. la douzaine.
12 » Assiettes blanches, filet or, échant. n° 83.
Prix de vente : 15 sch. la douzaine.
1 » Bols blancs, filet or, échant. n° 84.
Prix de vente : 15 sch. la douzaine.
1 » Sucriers blancs, filet or, échant. n° 85.
Prix de vente : 12 sch. la douzaine.
12 » Coquetiers blancs, filet or, échant. n° 86.
Prix de vente : 5 sch. la douzaine.

2 Services complets porcelaine blanche, filet or, une ligne, et composés de la manière suivante :

2 Soupières ovales, avec leur plat (2e grandeur).
2 douzaines asssiettes à soupe.
4 » » à couteau.
2 » » à dessert.
4 Casseroles à légumes (2e grandeur).
1 Plat à gigot à bassin.
1 Plat à poisson avec grille.
2 » ovales de 16 pouces.
4 » ovales de 12 pouces.
2 » ronds de 13 pouces.
4 » ronds de 12 pouces.
2 Saucières rondes sur plateau, avec couvercles et cuillères.
2 Cuillères à soupe.
1 Pièce de centre, grande et ovale.
2 » plus petites.
1 Guéridon à deux étages de 12 pots chacun.
4 Plats à pudding.
1 Saladier.

6 Tête à tête assortis et décorés, composés de :
1 Théière.
1 Pot au lait.
1 Sucrier.
2 Tasses avec soucoupe.
1 Plateau.

36 Encriers décorés et assortis. Pour 3 à 400 francs de sujets religieux et de fantaisie, ainsi que quelques vases de cheminée, bien décorés.

Assortiment de gobeleterie.

40 douzaines Gobelets taillés, échantillon n° 104.
Prix de vente : 18 sch. la douzaine.

40 » Gobelets taillés, échant. n° 105.
Prix de vente : 10 sch. la douzaine.

150 » Gobelets taillés (beau 1/2 cristal), échant. n° 106-107.
Prix de vente : 6 1/2 sch. la douzaine.

60 » Gobelets unis (beau 1/2 cristal), échant. n° 108.
Prix de vente : 4 1/2 sch. la douzaine.

20 » Gobelets moulés (beau 1/2 cristal), échant. n° 109.
Prix de vente : 12 sch. la douzaine.

200 » Gobelets moulés assortis (beau 1/2 cristal), échant. n° 110-112.
Prix de vente : 6 à 9 sch. la douzaine.

48 » Verres à vin taillées, forme tulipe, échant. n° 113.
Prix de vente : 8 sch. la douzaine.

24 douzaines Verres à vin taillés, forme Bell, échant n° 114.
Prix de vente : 5 sch. la douzaine.

12 » Verres à vin taillés, échant. n° 115.
Prix de vente : 12 sch. la douzaine.

48 » Verres à vin taillés, échant. n° 116.
Prix de vente : 5 sch. la douzaine.

60 » Verres à vin taillés, forme Wellington, échant. n° 117.
Prix de vente : 5 sch. la douzaine.

60 » Verres à vin unis, forme Wellington, échant. n° 118.
Prix de vente : 3 sch. la douzaine.

50 » Verres pour vin du Rhin, échant. n° 119.
Prix de vente : 12 sch. la douzaine.

50 » Verres pour vin de Champagne, échant. n° 120.
Prix de vente : 10 sch. la douzaine.

40 » Verres pour vin de Champagne, échant. n° 121.
Prix de vente : 12 sch. la douzaine.

12 » Plats moulés, 8 pouces (corbeille), échant. n° 122.
Prix de vente : 3 sch. la pièce.

12 » Plats moulés, 9 pouces, échant. n° 123.
Prix de vente : 3 sch. la pièce.

12 » Carafes taillées et bouchées, échant. n° 124.
Prix de vente : 9 sch. la pièce.

12 » Carafes taillées et bouchées, échant. n° 125.
Prix de vente : 7 sch. la pièce.

Verrerie.

Les produits de cette importante industrie belge sont reçus avec faveur sur presque tous les marchés. A Sydney, la consommation annuelle est d'environ 8,500 livres sterlings, dont une partie est déjà fournie depuis plusieurs années par l'industrie nationale.

L'assortiment le plus convenable à importer pour la vente est de cent caisses de cent pieds carrés anglais, de chaque dimension désignée ci-après :

$^{10}/_{8}$ $^{12}/_{10}$ $^{16}/_{12}$ $^{18}/_{14}$ $^{20}/_{16}$.

La qualité convenable est celle appelée en fabrique verre d'exportation, mais on a fait la remarque, cependant, que le verre anglais était plus blanc que celui provenant de Belgique (1).

Les prix de vente sont extrêmement variables. Depuis un an, on a vendu la caisse de 100 pieds de 12 jusqu'à 28 schellings.

Pipes en terre.

Il y a peu de pays où, proportionnellement au nombre d'habitants, l'usage des pipes soit plus répandu qu'en Australie.

Sydney en consomme annuellement pour une valeur de 2,500 livres et l'on peut dire que dans les autres ports de l'Australie la même proportion existe dans la consommation. C'est l'Écosse qui, à quelques petites exceptions près, fournit exclusivement le marché.

(1) J'ai acquis la conviction en douane que la majeure partie du verre blanc qui est vendu comme produit britannique était de production belge.

Il sera facile à l'industrie belge, dont les produits sont si justement renommés, d'entrer immédiatement en concurrence. Les six modèles de meilleur débit sont représentés par les échantillons 57 à 62. Les plus petites pipes sont cependant de meilleure vente que les grandes.

Il est essentiel d'imiter exactement les modèles, non pas pour les dessins qui figurent sur les têtes et les tuyaux, mais pour la forme, les dimensions et surtout pour le bout du tuyau qu'il est indispensable de recouvrir d'une espèce de gomme vitrifiée qui l'empêche de happer aux lèvres.

Les pipes s'emballent en caisses de 10 grosses et on en obtient couramment 1 schelling 6 à 7 pence la grosse.

On peut en importer par navire :

250 caisses petit modèle.
50 » grand modèle.

Tabac.

Les tabacs consommés sont les cigares de Manille, le tabac américain en figues, et quelque peu de tabac en poudre. Depuis quelques années deux Américains sont venus s'établir dans la colonie et s'adonnent exclusivement à la culture de cette plante, qui réussit à merveille. Le tabac colonial, préparé par ces nouveaux industriels, ressemble, à s'y méprendre, au véritable tabac américain. Néanmoins, cette industrie, dont les produits commencent même à s'exporter, n'empêche pas les importations d'être considérables, puisqu'elles atteignent encore une valeur annuelle de 26,000 livres sterlings.

L'importance de ce commerce est donc de nature à éveiller la sollicitude des fabricants belges qui doivent s'attacher, avant tout à imiter l'apprêt des Américains, sans quoi leurs tabacs ne pourraient être vendus en Australie. Celui qui a été consigné à bord de l'*Océanie* se placera difficilement.

Le mode d'emballage varie suivant les qualités.

La 1re qualité arrive en barils de 350 à 400 livres, ou en barils de 700 à 790 livres.

Le prix de vente en est de 15 à 18 pence la livre.

Les 2e et 3e qualités sont placées dans des barils de 190 à 230 livres. Les prix de vente sont :

2e qualité 8 à 10 pence la livre
3e » 6 à 8 » »

Le tabac *cavendish* est de vente moins courante, et les qualités sont très-variables. On en obtient de 6 à 12 pence la livre. L'emballage se fait par caisses de 60 à 80 livres.

On peut consulter les échantillons nos 39-42 sur lesquels on a indiqué les prix et les qualités. Une attention spéciale doit être apportée pour le nombre de figues à fabriquer par livre, qui doit être de 16 à 18.

Soude.

On en importe de deux espèces : celle en pierre, appelée *soda ash*, servant à la fabrication du savon et aussi d'engrais, se place au prix de 14 à 19 livres le tonneau. L'emballage se fait en barils de 7 quintaux, et on peut en importer 6 tonneaux par navire. Quant au carbonate de soude, appelé par les Anglais *soda crystals*, et servant au lavage des laines et du linge, il s'emballe en barils de 2 1/2 quintaux, mais il est impossible de donner à l'égard de cet article des informations exactes sur la consommation et les prix. Si l'année est marquée par la sécheresse, la consommation dépasse 200 tonneaux; si, au contraire, il pleut beaucoup, 50 tonneaux suffisent.

Les prix varient de 9 à 16 livres le tonneau.

Céruse.

On ne fait usage que de céruse toute préparée, et la consommation annuelle est d'environ 80 tonneaux. On attache du prix à sa blancheur. Cet article s'emballe en barils de fer de 28 et 56 livres, et se place généralement au prix de 26 à 32 livres le tonneau. On peut en importer 4 tonneaux par navire.

Armes.

Les besoins de la colonie sont à peu près satisfaits, surtout pour les fusils de chasse. Les seuls fusils de vente courante sont ceux à pierres, avec baïonnette, modèle anglais. Ils s'exportent, pour la plupart, dans les différents groupes de l'Océanie. Ces armes fabriquées à Birmingham sont très-communes, et vendues à Sydney au prix de 8 à 12 schellings pièce. Quant aux armes de chasse, la vente en est fort restreinte, et les seules qu'on puisse peut-être placer avec avantage seraient 20 à 30 fusils doubles, calibre 16, canon damassé, avec gravures à sujet, que l'on paie à Liége 55 à 60 francs, et 50 fusils simples, solides, de 12 à 15 francs.

Le système Montigny-Fusnot pourrait peut-être trouver un bon débouché dans l'Australie. En effet, l'invention semble avoir été trouvée pour ce pays, où l'élément le plus riche, le plus notable, le plus nombreux, on veut parler des squatters, qui ne s'engagent jamais dans les bois sans avoir une petite carabine pendue au côté de leur cheval. Cette arme leur est nécessaire, tantôt pour leur sûreté personnelle, tantôt pour mettre en fuite les naturels, qui ne se font pas toujours scrupule de détruire les troupeaux. On comprend donc l'utilité d'une arme dont le maniement est des plus faciles, et qui permet à un cavalier bien exercé, de tirer 8 à 9 coups à la minute.

J'avais emporté moi-même de Belgique, deux de ces mousquetons, comme échantillons. Leur succès à Sydney fut tel, que M. le Gouverneur de la colonie en eût connaissance, et voulut s'assurer par lui-même du mérite de ces armes. Elles furent essayées en présence d'un nombreux état-major, et reconnues d'une utilité incontestable pour la colonie. Son Excellence Monsieur le Gouverneur m'a même prié d'adresser, de sa part, des félicitations aux inventeurs. Toutefois le modèle adopté doit subir quelques modifications pour l'Australie : les mousquetons doivent être de la même longueur que ceux en usage dans la cavalerie belge ; les canons doivent être bien rayés dans l'intérieur, de manière à en faire des armes de tir et de justesse ; il doit y avoir un crochet, du côté de la contre-platine, pour pouvoir fixer l'arme à la selle au moyen d'une courroie ; la baïonnette n'est plus nécessaire.

En observant bien ce qui précède, la Belgique placerait certainement, avec avantage, une bonne quantité de ces mousquetons. Il faut bien observer de ne jamais faire des expéditions de cet article sans y joindre au moins 1,000 cartouches vides et un moule à balles par arme.

Les pistolets sont de meilleure vente que les fusils ; il y en avait 200 paires à bord de l'*Océanie ;* elles ont été rapidement enlevées quoique n'étant pas des mieux assorties.

On pourrait toujours en emporter 200 paires par navire, en les assortissant comme suit :

75 paires écossais.
25 » » à deux coups.
25 » arçons.
50 » demi-arçons.
15 » en boite (qualité commune 40 francs).
10 pistolets à 5 et 6 coups.

Poudre.

La valeur consommée annuellement est d'environ 13 à 1,400 livres sterlings.

On en use de cinq espèces ; savoir :

	Prix de vente :
Poudre commune à miner.	7 à 8 pence la livre.
» » à canon.	9 à 10 » »
» fine »	10 à 12 » »

Ces trois espèces de poudre sont importées en barils de 28 et de 56 livres, et on peut en importer un tonneau par navire.

Poudre de chasse.

	Prix de vente :
1re qualité.	2 à 2 1/2 schellings la livre.
2e »	1 1/2 à 2 1/2 » »

La poudre de chasse s'importe en boites d'une livre semblables à l'échantillon, et on ne pourrait en importer plus de deux quintaux par navire. (Des échantillons de toutes ces espèces de poudre sont annexés à la présente).

Une partie de poudre de chasse en boîtes d'un demi kilogramme, provenant de la fabrique de Wetteren, s'est vendue à Sydney au prix de 1 $^1/_2$ schelling la boîte. Quoique cette poudre ait été reconnue d'une très-bonne qualité, elle n'a été achetée qu'avec une certaine réserve, tant il est vrai que les colons admettent difficilement que l'on puisse fabriquer de bonne poudre ailleurs qu'en Angleterre. Pour éviter ces susceptibilités, les industriels belges n'ont qu'à imiter le modèle de boîte désigné ci-dessus, et non-seulement la poudre se vendra mieux, mais il en résultera pour eux un bénéfice de 10 % sur le poids. La poudre doit toujours être placée à bord de manière à l'avoir sous la main, car avant que le navire soit à l'ancre dans le port, elle doit être dirigée sur le magasin.

Sacs à bled.

En profitant bien du bas prix de la main-d'œuvre, la Belgique pourrait peut-être soutenir la concurrence pour cet article. L'Angleterre en importe annuellement à Sydney pour plus de 4,000 livres sterlings. Il faut que chaque sac soit cousu solidement et qu'il soit de la même grandeur que celui qui est annexé à la présente comme échantillon. C'est un article de vente toujours courante au prix de 17 à 18 pence, et, si ce prix le permet, on peut franchement en importer 10,000 par navires, avec certitude d'un prompt écoulement.

Sacs d'emballage pour laine.

La vente de cet article est également courante, et l'Angleterre en importe annuellement pour plus de 8,000 livres sterlings. Ce qui a été dit pour les sacs à bled s'applique également aux sacs d'emballage, qui sont toujours de vente au prix de 4 schellings 9 pence à 5 schellings. Il doivent être conformes à l'échantillon ci-joint, et peser 10 livres anglaises, poids qui est accordé comme tare sur chaque balle de laine.

On pourrait en importer, par navire, 2 ou 3,000.

Toile à voiles.

La consommation annuelle dépasse 7,000 pièces, qui sont vendues tantôt au yard, tantôt à la pièce, suivant les qualités. La toile la plus recherchée est celle non bouillie n° 2, provenant de Jameisson, fabricant en Angleterre. Le *boiled cauvar*, ou toile cremée, et par conséquent plus blanche, est de vente moins courante. Les pièces ont en général, 24 pouces de largeur et 38 à 40 yards de longueur. Le prix moyen de vente est de 11 à 12 pence le yard.

On consomme aussi, mais en petite quantité, de la toile de 30 pouces; cette dernière est achetée par les Américains et les Français, dont le mode de voilure est différent.

Les intéressés pourront se faire une juste idée des qualités qui s'importent, en consultant le paquet d'échantillons n° 63, où l'on a indiqué les prix de vente sur chaque échantillon.

On peut importer 4 à 500 pièces de toile à voiles par navire.

Fil à voiles.

S'importe en bottes de 12 paquets d'une livre semblables à l'échantillon.

Le prix de vente est de 11 à 12 $^1/_2$ schellings la botte.

On peut en importer 1,000 à 1,200 livres par navire.

Cordages.

La valeur consommée annuellement est d'environ 3,500 livres sterlings.

Les grosseurs demandées sont 2 $^1/_4$, 2 $^1/_2$, 2 $^3/_4$, 3, 3 $^1/_4$ et 3 $^1/_2$ pouces. Cet article se vend au poids, au prix moyen de 40 schellings le quintal, et s'emballe en paillassons de différentes grandeurs.

On peut importer 5 tonneaux de cordages par navire, et y joindre un bon assortiment de cordes et de ficelles.

Étoupe à calfat.

S'importe en balles pressées de 56 et de 112 livres, et se place au prix de 20 à 30 schellings le quintal, suivant la qualité.

On peut en importer un millier de livres par navire.

Poulierie.

On peut importer un assortiment de poulies avec certitude d'un prompt écoulement.

Les cercles en bois pour mâture se placent généralement au prix d'un pence par pouce de diamètre.

Ancres, cables et chaines de navires.

Se vendent au poids de 3 à 3 $^1/_2$ pence la livre. On pourrait importer, si les prix le permettent, 10 ancres avec chaînes assorties, pour les navires de 70 à 500 tonneaux.

Cuivre et clous à doublage.

Le cuivre s'importe en caisse de 6 $^1/_2$ quintaux; chaque caisse contient ordinairement de 90 à 100 planches de 26 à 28 pouces.

Chaque envoi doit être accompagné de clous à doublage dans la proportion de $^1/_{10}$ du poids du cuivre.

On emploie beaucoup, depuis quelque temps, le *muntz métal* qui suit toujours le cours du cuivre, mais à 2 pence plus bas.

Le prix de vente du cuivre varie de 10 à 14 pence la livre.

La valeur importée annuellement de l'Angleterre est d'environ 10,000 livres sterlings, mais les prix de vente indiqués semblent écarter toute concurrence.

Futailles en bottes pour huiles de baleine et de coco.

Vente courante. La capacité des futailles peut varier de 50 à 300 gallons. Cet article se vend par tonneau de capacité, et a trouvé placement jusqu'ici au prix de 3 livres le tonneau. Mais depuis peu les émigrants, qui arrivent sans cesse d'Angleterre, ont l'habitude d'avoir avec eux des futailles vides qu'ils placent au prix de 52 à 55 schellings le tonneau, de manière qu'il serait difficile, pour le moment, d'obtenir l'ancien prix. D'un autre côté les Américains commencent aussi à importer des futailles en bois de quebec-staves, qu'ils vendent au prix de 32 à 35 schellings le tonneau, ce qui fait supposer que le prix des futailles de chêne n'augmentera plus.

On peut importer 20 tonneaux (de 252 gallons) de futailles par navire.

Futailles en bottes pour salaison.

Quoiqu'elles soient maintenant fabriquées en partie dans la colonie, elles sont toujours en demande par suite du développement considérable que prend le commerce de salaison.

Les deux dimensions suivantes sont seules de vente :

1° Pour viande de bœuf; elles doivent pouvoir contenir 336 livres.

2° Pour viande de porc; elles doivent contenir 200 livres.

On peut importer 6 à 800 futailles pour viande de bœuf et 3 à 400 pour viande de porc, avec certitude d'un prompt débit, au prix de 6 à 8 schellings la futaille.

Ardoises.

Elles prennent faveur, et sont maintenant préférées aux morceaux de bois taillés en lames minces, plates et unies, en usage jusqu'ici pour couvrir les maisons.

Les dimensions voulues sont les suivantes :

		Prix de vente :
Ladies,	16/8 pouces.	3 à 5 livres le 1,000.
Countess,	20/10 »	6 1/2 à 8 »
Duchess,	24/12 »	7 1/2 à 10 »

On pourrait en importer 100,000 par navire, réparties comme suit, en ayant bien soin de consulter, au préalable, les échantillons :

Ladies, 10,000.
Countess, 45,000.
Duchess, 45,000.

Chaque envoi doit être accompagné du nombre de clous nécessaire, car on a vu cet article rester invendable à cause de l'absence de cet appoint.

Il est d'usage, à Liverpool, de donner 1,200 ardoises pour 1,000 à cause de la fragilité de cet article. Dans la colonie on les vend à 1,000 pour 1,000, mais l'acheteur a le droit de refuser celles qui lui paraissent suspectes ou détériorées.

Vernis pour voitures.

Vente courante, mais en petite quantité. Cet article s'importe en cruchons de fer blanc de la contenance d'un gallon, et se place, quand il est bon, au prix de 24 schellings le cruchon. On pourrait en importer 50 gallons par navire.

Couvertures de laine.

La valeur importée annuellement de l'Angleterre atteint presque le chiffre de 6,000 livres sterlings.

Il y en a de deux espèces; savoir :

Les couvertures à une face, c'est-à-dire garnies de duvet d'un seul côté, et les couvertures à deux faces.

Les dimensions voulues pour les deux espèces sont de $^{8}/_{4}$ $^{9}/_{4}$ $^{10}/_{4}$ $^{11}/_{4}$ et $^{12}/_{4}$.

Les prix de vente, en schellings, sont ordinairement de :

COUVERTURES A	DIMENSIONS.				
	$^{8}/_{4}$	$^{9}/_{4}$	$^{10}/_{4}$	$^{11}/_{4}$	$^{12}/_{4}$
Une face.	6 sch.	7 à 7 $^{1}/_{2}$	8 à 8 $^{3}/_{4}$	10 à 10 $^{1}/_{2}$	11 à 12
Deux faces.	7 à 7 $^{1}/_{2}$	9 à 9 $^{1}/_{2}$	12	14	16

Les plus en usage sont les couvertures à deux faces des dimensions de $^{10}/_{4}$ $^{11}/_{4}$ et $^{12}/_{4}$.

Les couvertures anglaises, comme on peut s'en convaincre par les deux échantillons ci-annexés, sont d'un beau blanc, d'un tissu moelleux, mais pas très-bien garni. On pourrait importer 6 à 700 couvertures de laine par navire, sans influencer le marché.

Couvertures de coton.

Consommation considérable. Elles ne sont pas imprimées comme les couvertures qui se trouvaient à bord de l'*Océanie*, mais tissées avec du coton de différentes couleurs. L'échantillon ci-annexé est du meilleur débit et se vend à Sydney 2 schellings 3 pence.

Si ce prix le permet, on peut en importer 100 douzaines par navire.

Beurre.

L'Australie fournit de très-bon beurre, mais qui ne peut se conserver longtemps ni soutenir l'action de la mer. Celui importé à Sydney est généralement réexporté, soit en Californie, soit dans les différents groupes de l'Océanie. L'emballage doit en être particulièrement soigné. On le place ordinairement dans des barils de 25 à 30 livres ; ces barils sont mis dans des futailles que l'on remplit de saumure, et l'on vend les futailles séparément.

Le beurre s'emballe aussi dans des bocaux de 6 à 7 livres; on le couvre alors d'une bonne couche de sel, et chaque bocal est hermétiquement fermé par un fort parchemin. Les bocaux sont ensuite mis en caisses par douzaine.

On obtient pour le beurre 15 à 18 pence la livre, et on peut en importer, par navire, 1,500 à 2,000 livres.

Jambons.

Depuis la prospérité de la Californie, les jambons fumés sont devenus un article de commerce courant. Pour arriver bien conservés, il faut qu'ils soient non-seulement fortement saupoudrés de poivre, mais encore placés dans des caisses de zinc. Les prix de vente ont varié jusqu'ici de 11 à 20 pence la livre.

On peut importer 2 à 300 jambons par navire.

Oilman's stores.

Il existe en Angleterre une importante branche d'industrie, sinon inconnue en Belgique, du moins peu exploitée : on veut parler des articles qui s'exportent sous le nom de *Oilman's stores,* et qui consistent en fruits verts en bouteilles, légumes, *pickles,* sauces, etc. L'Angleterre en importe des quantités considérables dans toutes ses colonies, et Sydney seule en consomme annuellement pour plus de 25,000 livres sterlings.

On pense qu'en Belgique, où les fruits et les légumes sont si abondants et à si bas prix, on pourrait très-bien imiter ce qui se fait en ce genre dans le voisinage, et soutenir même avantageusement la concurrence. A cet effet, on s'est procuré les trois modèles de bouteilles qui sont du meilleur débit. Il importe, non pas précisément d'imiter les bouteilles, mais bien la manière dont elles sont bouchées. On attache du prix à la beauté des étiquettes, qui, dans tous les cas, doivent porter des inscriptions anglaises.

Les fruits et légumes dont on fait le plus de cas, sont : les cerises, groseilles blanches et rouges, fraises, framboises, concombres et ognons. Les fruits rouges sont cependant de vente plus courante que les blancs.

Les flacons sont emballés par caisses de 1 à 4 douzaines,

et on obtient généralement, pour pickles et ognons, 9 à 10 $^1/_2$ schellings la douzaine; pour fruits rouges et blancs 13 $^1/_2$ à 16 schellings la douzaine.

On peut importer par navire, 400 caisses fruits et légumes assortis.

Sardines.

Quoique de production étrangère, elles peuvent donner des bénéfices aux spéculateurs qui voudraient en importer à Sydney. On les emballe ordinairement en caisses de 100 boîtes, et on pourrait en importer 15 à 20 caisses que l'on réaliserait au prix de 2 $^1/_2$ à 3 $^1/_2$ schellings pour les grandes boîtes et 2 à 2 $^1/_2$ schellings pour les petites boîtes.

Fruits et légumes secs.

Les amendes en coque et sans coque, raisins de corinthe, prunes, pommes, figues, noisettes, pois, sont de vente courante.

Les amendes en coque s'importent en balles de 112 livres. Prix de vente : 8 à 9 pence la livre.

Celles sans coque s'importent en caisses de 28 livres. Prix de vente : 2 schellings 3 pence la livre.

Les raisins de corinthe arrivent en barils d'environ 600 livres. Prix de vente : 4 à 4 $^1/_2$ pence la livre.

Les prunes sèches ordinaires s'importent en caisses de 56 livres. Prix de vente : 4 pence la livre.

Les prunes de France sont en bouteilles semblables à l'échantillon n° 50, et se vendent de 1 schelling à 1 schelling 2 pence la livre.

Les pommes séchées, cartelées ou entières, sont en chapelets et importées en baril de deux quintaux. On en obtient généralement 4 ½ pence la livre.

L'emballage des figues n'est pas déterminé. Les cabas sont placés dans des caisses de différentes grandeurs. Les figues se vendent en gros, 10 pence la livre.

Les noisettes se vendent 6 pence la livre et s'importent en sacs de 120 livres.

Les pois secs (*splet peas*) s'importent en caisses de 3 boisseaux (180 livres), et se placent au prix de 30 schellings la caisse.

On peut importer un bon assortiment de tous ces articles avec certitude d'un prompt écoulement.

Macaroni et vermicelle.

S'importent en caisses de fer blanc de 7 à 8 livres et se placent généralement au prix de 1 schelling la livre. La vente de ces articles est également courante et on peut en importer 100 caisses de chaque espèce.

Poissons salés.

Ceux consommés sont les morues sèches, les harengs salés et fumés et les saumons.

Les morues sèches s'importent en bottes de différents poids. Prix de vente : 2 $^1/_2$ à 3 pence la livre.

Les harengs salés s'importent en barils d'un demi-quintal (56 livres). On en obtient 15 schellings le baril.

Les harengs fumés s'importent en petites caisses de 2 douzaines. Prix de vente : 3 schellings 2 pence la caisse.

Les saumons s'importent en barils de 3 quintaux, avec de la saumure, ou en boîtes de fer blanc de 1 à 4 livres. On obtient, pour saumons en barils 27 à 28 schellings le quintal.

Pour saumons en boîtes 5 pence la livre.

On pourrait importer à Sydney, mais seulement vers l'époque du carême, 1,000 kilos morue, 100 barils et 200 caisses harengs, 25 barils et 4 à 500 boîtes saumons.

Jusqu'ici, c'est l'Écosse qui a été seule en possession de ce commerce.

Bougies stéariques.

Les plus en usage sont celles appelées *belmont sperm*, de 6 à la livre. Celles qui seraient importées de Belgique devraint être blanches, transparentes et bien conformes à l'échantillon ci-annexé. On pourrait les placer à 14 ou 15 pence la livre. L'emballage se fait par caisses de 28 livres, et on peut en importer 100 caisses par navire.

On use très-peu de bougies de cire. Quant à celles de cachalot, elles sont fabriquées dans la colonie et écartent toute concurrence, puisqu'elles sont vendues en détail au prix de 1 schelling 8 pence la livre.

Brosserie.

La brosserie anglaise, en général, est livrée à bas prix, et les brosses à dents, à barbes et à ongles ne pourraient s'importer de Belgique qu'avec perte. On pourrait vendre un assortissement de brosses à habit, à cheveux et à souliers. Les modèles varient à l'infini.

La brosserie de ménage offrirait plus d'avantages, mais la consommation en est assez limitée. Dans l'assortiment à importer, il ne faut que les modèles anglais.

On pourrait joindre à chaque envoi un assortiment de brosses de pansage, d'écurie, de brosses à laver les voitures, nettoyer les crinières et les pieds des chevaux; un assortiment de pinceaux ordinaires à peindre à l'huile.

Quant aux brosses à badigeonner, à peindre à la colle, ainsi que celles à l'usage des décorateurs, elles ne sont, pour ainsi dire, pas en usage.

Il est impossible de donner avec sécurité des informations sur les prix de toutes ces brosses, attendu que les modèles et les qualités varient à l'infini.

La valeur importée annuellement d'Angleterre est d'environ 2,000 à 2,500 livres sterlings.

Tapis.

Les Anglais en importent annuellement à Sydney pour près de 3,000 livres sterlings. La seule espèce en usage est celle dite *Brussel carpetting;* les pièces ont ordinairement 42 à 45 yards de longueur et 24 pouces de largeur. Les tapis se vendent au yard, de 3 schellings 4 pence à 4 1/2 schellings, suivant la qualité.

Les couleurs doivent être vives, gracieuses, variées et riches, sans pour cela être trop éclatantes; le nombre de couleurs peut varier de trois à cinq. Le vert n'est pas en faveur. On recherche les grands dessins. L'usage des bordures est inconnu.

On fait un grand usage, dans la colonie, d'un petit tapis, genre moquette, appelé *rug,* ayant la forme et la dimension d'une descente de lit : ce tapis se place dans les salons, devant les cheminées. Il ne faut pas de franges comme on a l'habitude d'en placer aux extrémités des descentes de lit, et l'on tient surtout aux *rugs* épais. On en obtient de 14 à 20 schellings la pièce.

Les couleurs convenables pour les tapis sont également bonnes pour cet article.

Afin de mieux faire juger du genre et des qualités qui s'importent, on a fait suivre à la présente un échantillon de *rug* n° 55 et trois échantillons de tapis n°s 53, 54 et 56.

On peut importer cent pièces tapis et cent *rugs* par navire.

Crin.

Le crin tissé est de vente fort limitée. Le crin frisé pour matelas, chaises et canapés est de vente plus courante : on en obtient 15 pence la livre. La valeur importée annuellement est de 13 à 1,400 livres sterlings.

On peut en importer 500 kil. par navire :

Couleurs.

La consommation annuelle est d'environ 5,000 livres sterlings.

Les couleurs noire et blanche sont le plus en usage; les autres qui sont aussi de vente sont les rouge, jaune et verte.

Toutes les couleurs s'emballent, de préférence, en barils de fer de 28 et de 56 livres, et le prix de vente est subordonné à l'approvisionnement de la place : on en obtient généralement de 32 à 40 schellings le quintal.

On pourrait importer par navire deux tonneaux de couleurs noire et blanche et cinq quintaux de chacune des autres nuances désignées.

Houblon.

Est importé d'Amérique et d'Angleterre. La consommation annuelle est de 4,000 livres sterlings environ, mais elle augmente toujours.

L'emballage est double et pressé : la première toile, qui doit contenir un quintal et demi de houblon, est forte et assez fine; la seconde est plus commune et recouverte de peinture noire. Au moyen de cette préparation, le houblon se trouve à l'abri du contact de l'air et de la lumière, et ne peut plus perdre ses parties volatiles ni absorber l'humidité.

L'emballage américain est également double, mais sans être peint, et les balles, au lieu de contenir un quintal et demi, sont de deux quintaux.

Quant aux prix de vente, on conçoit qu'il est impossible de les donner avec sécurité. En Europe, les prix sont subordonnés au plus ou moins d'abondance de la récolte, mais dans la colonie, c'est l'approvisionnement de la place qui en fait la base; ainsi, de fortes parties de houblon ont été vendues, depuis six mois, et les prix ont varié de 5 à 16 pence la livre.

Le houblon américain suit toujours le cours du houblon anglais, mais à 2 pence plus bas.

On pourrait importer 150 balles par navire.

Contrairement aux autres cultures, celle du houblon n'a pas répondu aux efforts qu'on a faits pour l'introduire dans la colonie, mais depuis deux ans, quelques cultivateurs l'ont introduite avec succès à la Terre Van-Diemen qui paraît être des plus favorables à cette exploitation.

Parfumerie.

La consommation annuelle est de 13 à 1,400 livres. La vente de cet article est courante quand les caisses sont bien assorties. Il convient, dans l'intérêt du débit, de ne donner à chaque caisse qu'une valeur de 4 à 500 francs.

L'assortiment le plus convenable est le suivant:

1/2	douzaine	1/2 Bouteilles lavande ambrée.
1	»	1/4 Bouteilles »
2	»	Flacons »
1/2	»	1/2 Bouteilles lavande double.
1	»	1/4 Bouteilles »
2	»	Flacons »
2	»	Flacons de 60 grammes doubles extraits assortis.
1	»	Flacons de 30 grammes doubles extraits assortis.
4	»	1/4 Bouteilles eau de Cologne.
8	»	Flacons »
1/2	»	Flacons vinaigre de toilette.
1/2	»	» hygiénique.

1 douzaine Pots de 30 grammes pommade double.
1 » Flacons pommade philocôme.

On peut importer six caisses assorties comme ci-dessus par navire.

Les intéressés sont prévenus que, pour éviter le paiement des droits imposés aux esprits, la déclaration doit être faite en douane comme si les caisses ne contenaient que des pommades et de l'eau de Cologne.

Savons.

La fabrication du savon dur ou de soude est maintenant introduite dans la colonie, et forme, même à Sydney, une branche importante du commerce d'exportation; néanmoins un bon assortiment, d'un millier de francs, de savons parfumés et de toilette, est toujours de vente au prix de 20 à 22 pence la livre.

Ganterie.

La consommation annuelle dépasse la valeur de 4,000 livres sterlings.

La ganterie belge a pris, depuis quelques années, un essort si remarquable, qu'il est permis de supposer qu'elle peut rivaliser, à l'étranger, avec la ganterie de Paris. Les exportations belges en Angleterre, aux États-Unis et même en Russie, légitiment cette supposition. Rien n'empêcherait donc de vendre en Australie, comme produits de l'industrie parisienne, la seule en faveur dans ce pays, des gants qui sortiraient de nos ateliers.

Pour atteindre ce but, il importe de ne pas en exporter d'une qualité médiocre. Les consommateurs sont extrêmement difficiles et connaissent bien l'article. La peau doit être forte et souple; la coupe, du système Jouvin; les coutures à la fois délicates, solides et régulières. Les gants dont les piqûres sont faites avec de la soie de même couleur que la peau employée, sont recherchés de préférence. En tenant bien compte de ce qui précède, on peut en importer, par navire, trois caisses assorties comme suit :

POUR HOMMES.

12 douzaines noirs, chevreau.
12 » » agneau.
12 » couleurs foncées, chevreau.
12 » » claires assorties.
12 » blancs, agneau.
12 » paille.

POUR FEMMES.

Même nombre et même assortiment que pour hommes.

Les numéros demandés, sont :

Pour hommes, n°s 8, 8 $^1/_4$, 8 $^1/_2$, 8 $^3/_4$, 9, 9 $^1/_4$ 9 $^1/_2$, 9 $^3/_4$, 10.

Pour femmes, n°s 6 $^1/_2$, 6 $^3/_4$, 7, 7 $^1/_4$, 7 $^1/_2$, 7 $^3/_4$.

Les numéros doivent être écrits à l'encre dans l'intérieur des gants.

Il est essentiel, pour tous les gants destinés à faire un assez long séjour en mer, de ne pas les confectionner avec de la peau nouvellement préparée : si elle n'est pas tout à fait sèche, le meilleur emballage est insuffisant pour la préserver de piqûres; c'est ce qui arrive fréquemment. Dans ce cas, outre la perte d'une belle vente, on a presque toujours des contestations très-sérieuses avec les compagnies d'assurance; on prétend même, à Sydney, que les compagnies anglaises refusent maintenant d'assurer les gants contre piqûres.

Chaussures.

La cordonnerie belge, bien exploitée, peut, sans contredit, former un objet considérable d'exportation. Dans presque toutes les colonies, la matière première est rare et la main-d'œuvre toujours chère. Pour donner une idée de l'importance de ce commerce en Australie et à la Terre Van-Diemen, on dira que les importations annuelles de France et d'Angleterre s'élèvent à plus de 50,000 livres sterlings.

Pourquoi la Belgique, dont la tannerie fournit des cuirs si justement estimés, et dont les ouvriers cordonniers sont si nombreux et si habiles, ne viendrait-elle pas, comme ses voisins, qu'elle redoute peu, fournir son contingent?

Si jusqu'ici cette industrie a passé presque inaperçue, c'est qu'elle n'est pas, comme dans le voisinage, représentée d'une manière assez puissante pour faire valoir son utilité et son importance.

Quelques maisons seulement trouvent dans l'exportation des débouchés sans importance. Mais, on doit le dire, tout ce qui a été fait jusqu'ici n'est pas de nature à faire valoir l'industrie belge.

En effet, il semble, comme on l'a déjà dit, que c'est un principe consacré dans notre pays, de n'apporter à la chaussure destinée à l'exportation, ni le choix désirable dans la matière première, ni le soin convenable dans la confection. Ce défaut majeur et constant ne peut jamais être que préjudiciable à ceux qui désirent sincèrement établir des relations à l'étranger.

Il est donc essentiel, si l'on veut faire des affaires, de n'importer en Australie que de la chaussure de première qualité, réunissant à la fois l'élégance à la solidité. On recherche de préférence les bottes dont les tiges sont hautes, et l'on tient surtout à ce que le talon soit bien poli.

Les dernières modes d'Europe sont de toute rigueur.

On obtient couramment en gros :

Bottes vernies.	22 à 25	schellings.
Bottines ou souliers hauts vernis.	14 à 15	»
Brodequins de fantaisie avec les bouts laqués.	11 à 12	»
Bottines solides, mais communes, pour bergers.	5 à 6	»
Bottes ordinaires.	15 à 16	»
Souliers vernis, pour dames.	4 à 4 ½	»

On peut importer par navire, sans influencer la marché :

Bottes vernies.	50	paires.
Bottines vernies.	50	»
Brodequins.	50	»
Bottes ordinaires.	200	»
Bottines communes.	500	»
Souliers vernis, pour femmes.	150	»

Vins.

On ne pense pas que le commerce des vins puisse offrir de grands avantages à la Belgique. La principale consommation roule ici sur les vins de Xérès et de Porto, qualité commune, et sur les vins de Ténériffe et de Cicile (Marsola). Les deux premiers sont vendus de 3 à 8 schellings le gallon ; les deux derniers, de 2 1/2 à 3 schellings.

Ces vins arrivent directement des pays de production, par chargements entiers, en pipes, demi-pipes et quarts de pipes; ce dernier mode d'emballage est préféré.

Les vins du Rhin et de Bordeaux sont de consommation limitée, et la place est presque toujours abondamment pourvue des qualités communes. Les qualités fines sont recherchées, et offriraient peut-être quelque avantage. Le seul vin de France qui se vende couramment, mais à bas prix, est le vin mousseux de Champagne ; on l'emballe par caisses d'une douzaine, et il se vend ordinairement 30 à 40 schellings la caisse.

On peut en importer 2 ou 300 caisses par navire.

La vigne se cultive maintenant avec succès dans la colonie, et le vin du pays devient de jour en jour d'un usage plus fréquent. La consommation annuelle des vins étrangers est d'environ 300,000 gallons, représentant une valeur de 36 à 37,000 livres sterlings.

Bière.

L'Angleterre en importe annuellement 4 à 500,000 gallons, mais il est inutile de se faire illusion à l'égard de cet article; la bière belge, quoique très-bonne et bien conservée, ne sera jamais en usage chez les Anglais. Elle ne serait donc pas de vente en Australie.

Rhum et wiskey.

L'Angleterre a également presque seule le monopole de ces articles ; elles en use largement à Sydney, où ses importations annuelles s'élèvent à plus de 50,000 gallons. Le rhum et le wiskey sont vendus en entrepôt, le premier, au prix de 2 1/3 schellings à 3 3/4 le gallon ; et le second, de 4 3/4 à 5 schellings, suivant leur degré de force.

Eau-de-vie.

Quoique de production étrangère et ne formant, par conséquent, qu'un objet de commerce indirect pour le pays, les importations de la Belgique peuvent offrir de l'avantage. La consommation annuelle dépasse 125,000 gallons. La plus grande quantité arrive en barriques de 50 à 60 gallons ou en demi-barriques de 25 à 30 gallons.

L'eau-de-vie en barriques doit avoir le degré de force de l'épreuve de l'hydromètre de Syke, et être fortement colorée. On en obtient, en entrepôt, 5 à 6 schellings le gallon.

Les marques de Hennessy et de Martel sont préférées.

L'eau-de-vie s'importe aussi en caisses d'une douzaine de bouteilles (bordelaises), et vaut en entrepôt 16 à 20 schellings la caisse. Cette dernière ne doit pas être colorée, et son degré de force doit être de 10 à 15 % au-dessous de l'épreuve ; ce qui fait gagner aux acheteurs 10 à 15 % sur les droits de douane. On attache du prix à la beauté des étiquettes.

On peut importer par navire, 3 à 4,000 gallons d'eau-de-vie en barriques et 200 caisses en bouteilles.

L'eau-de-vie en barriques qui se trouvait à bord de l'*Océanie* n'était pas colorée; la vente en a souffert.

Genièvre.

Celui importé jusqu'ici en Australie, à part quelques rares exceptions près, est de production hollandaise.

Néanmoins le genièvre belge pourra être reçu avec faveur, et c'est un de nos bons articles d'exportation. Celui qui se trouvait à bord de l'*Océanie* n'avait pas le mode d'emballage voulu, et la vente en a, par conséquent, souffert.

A défauts de renseignements, on l'a placé dans des caisses vertes, de 12 bouteilles (ensemble 2 gallons), au lieu de l'emballer en caisses peintes en rouge, de 15 bouteilles carrées, façon allemande, de la capacité totale de 4 gallons. La consommation annuelle est d'environ 50,000 gallons. Le prix de vente, en entrepôt est de 16 à 20 schellings la caisse.

On peut en importer 1,000 caisses par navire.

Liqueurs.

Les liqueurs consommées, bien qu'en petite quantité, sont : curaçao, eau-de-vie de cerises, anisette et noyaux. Elles s'emballent en caisses d'une douzaine de bouteilles (bordelaises), et on attache quelque importance à la beauté des étiquettes.

On pourrait importer 50 caisses liqueurs assorties.

Vinaigre.

La consommation annuelle est d'environ 22,000 gallons. Celui importé est du vinaigre de bois fortement coloré, et vendu par les Anglais à un prix qui écarte toute concurrence. Il vaut à Sydney de 1 schelling 3 pence à 1 schelling 8 pence le gallon. Le mode d'emballage préféré est en barils de 25 gallons. On fait une consommation très-minime de vinaigre de vin.

Si les prix indiqués le permettent, on peut importer 100 barils de vinaigre de bois.

Huile de lin.

La consommation annuelle est d'environ 5,000 gallons.

On l'emballe de trois manières :

En cruchons de fer blanc de 4 à 5 gallons;

En dames-jeannes de 4 gallons;

En barriques de 50 à 60 gallons, cerclées de fer.

Ce dernier mode d'emballage, quoique moins coûteux, n'est pas le plus avantageux : très-souvent, malgré le bon état des barriques, l'huile se perd en route, et les économies sont alors plus qu'absorbées. Dans un pays où les dames-jeannes seraient recherchées, on choisirait de préférence ce mode d'emballage, mais à Sydney on n'en fait aucun cas, de manière que les cruches de fer blanc doivent obtenir la préférence.

Le prix de vente est généralement de 4 à 4 $^1/_2$ schellings le gallon pour les deux espèces.

On peut importer par navire 300 gallons huile de lin bouillie et autant d'huile non bouillie.

Huile d'olive de France.

Vente facile, surtout quand les bouteilles sont d'un beau modèle de fantaisie et bien étiquetées. On l'emballe par caisses de 12 bouteilles ou flacons d'une pinte ou d'une demi-pinte.

On en obtient couramment, quand elle est bonne :

Caisse de 12 demi-pintes, 8 schellings.
» 12 pintes, 16 »

On peut en importer, par navire, 1,000 à 1,200 pintes.

Chapeaux et casquettes.

La consommation annuelle est d'environ 8,000 liv. sterl. et l'Angleterre en fournit, à elle seule, pour 7,000 livres. La seule espèce qui permette à la Belgique de soutenir la concurrence est celle dite *chapeaux de soie*. Ils doivent être solides, bien fabriqués, et surtout de la même forme que celui représenté par l'échantillon n° 40. Le morceau de cuir laqué qui se trouve dans l'intérieur, et qui empêche la sueur du front de pénétrer dans la peluche, est de toute rigueur. L'intérieur doit toujours être garni en noir, et une belle étiquette en lettres dorées dans le fond du chapeau fait le meilleur effet. Chaque chapeau est vendu avec boîte. Les modes ne varient pas.

L'emballage se fait par caisses d'une ou de deux douzaines. On en obtient couramment 12 à 14 schellings la pièce.

On peut en importer 16 à 20 douzaines par navire. Quant aux casquettes, on en fait un usage très-borné, et il ne serait même pas prudent d'en importer, ne fût-ce qu'une petite quantité.

Les chapeaux consignés à bord de l'*Océanie*, quoique bien fabriqués, de beaucoup d'apparence et de dernière mode, se vendront difficilement parce qu'ils ne sont pas dans les conditions voulues.

Rubannerie.

Les rubans sont de vente courante, quand ils sont frais, variés et nouveaux. Les dames sont peut-être plus difficiles à Sydney qu'en Europe, et dédaignent tout ce qui n'est pas nouveauté, en fait de rubans. Il est donc essentiel de n'en importer que de toute dernière mode, en ayant soin de les assortir pour les différentes saisons, c'est-à-dire, de choisir les couleurs claires, si c'est pour être expédiées en juin ou juillet, et les couleurs foncées si l'expédition a lieu en novembre ou décembre. Il convient, pour la facilité du débit, de ne donner à chaque caisse qu'une valeur de 4 à 500 francs.

On peut en importer 6 caisses par navire.

Papeteries et fournitures de bureaux.

Les immenses progrès faits, depuis quelques années, par cette importante branche d'industrie nationale, lui permettent d'affronter, dès-à-présent, dans beaucoup de cas, la concurrence étrangère.

Néanmoins, les papiers *fools cape,* consignés à bord

de l'*Océanie,* quoique bien et promptement vendus, laissaient encore à désirer sous le rapport de la consistance et de la sonorité, qualités qui distinguent si bien les papiers anglais. Il faut donc songer à les imiter tout à fait, et l'importance de ce commerce en Australie est assez grande pour éveiller toute la sollicitude de nos industriels, puisque, à Sydney seulement, la valeur consommée dépasse annuellement 30,000 livres sterlings.

Par ces considérations, on a cru devoir apporter une attention spéciale pour éclairer l'industrie nationale, et on fait suivre à la présente, non-seulement le détail des articles courants et la quantité à importer par navire, mais on joint aussi tous les échantillons nécessaires à l'appréciation du genre et de la qualité convenables pour chacun d'eux, avec l'indication des prix qu'on en obtient.

Il est recommandé aux intéressés d'imiter fidèlement les échantillons, s'ils ne veulent pas éprouver de mécomptes.

PAPIER ORDINAIRE, ÉCHANTILLON N° 1. (*Fools cape paper.*)

Consommation importante. Emballage en ballots de 20 rames.

Prix de vente : 12 schellings la rame.

On peut en importer 6 ballots par navire.

PAPIER A LETTRES ORDINAIRE, IN-4°, ÉCHANTILLON N° 2.

Grande consommation. Emballage comme ci-dessus.

Prix de vente : 7 schellings la rame.

On peut en importer 4 ballots par navire.

PAPIER A LETTRES DE DEUIL ET DEMI-DEUIL SUPERFIN IN-4.

Consommation limitée.

On peut en importer par navire un ballot de 20 rames de chaque espèce.

PAPIER A NOTES AVEC BORDURES, IN-8°.

On peut en importer un ballot de 20 rames de chaque espèce; pour deuil et demi-deuil.

PAPIER BUVARD, ÉCHANTILLONS Nos 7 ET 8.

Vente courante au prix de 11 schellings la rame. On use le rose et le blanc. On attache du prix à la douceur du papier et au plus ou moins de facilité avec laquelle il absorbe l'encre.

On peut en importer un ballot de 20 rames de chaque espèce par navire.

PAPIERS DE FANTAISIE COLORIÉS ET A DESSINS.

Vente courante; mais les goûts et les dessins varient sans cesse et rendraient les importations dangereuses.

PAPIER DE MUSIQUE, ÉCHANTILLON N° 9.

Vente courante. Tout le papier de musique en usage est à 12 portées.

On peut en importer 2 ballots de 20 rames par navire.

CAHIERS DE MUSIQUE.

De 48 à 60 pages, même format que ci-dessus; couverture légère en papier marbré.

On peut en importer 2 grosses par navire.

PAPIERS MARBRÉS, ÉCHANTILLONS N°s 10-12.

Vente limitée ; on use les suivants :

Fools cape,	échantillon	n° 10.
Demy,	»	n° 11.
Copy spanish,	»	n° 12.

On peut en importer 10 rames de chaque espèce.

PAPIERS DE SOIE, ÉCHANTILLONS N° 14 ET 15.

Vente limitée. On obtient pour la rame de papier :

Double couronne, échantillon n° 14. — 15 sch.

Double couronne coloré, échant. n° 15. — 25 »

On peut en importer 10 rames de chaque espèce.

Le papier pelure d'ognon in-4°, depuis la réforme postale, 1er janvier de cette année, est plus demandé.

On pourrait en importer 2 ballots de 20 rames. On en obtient 4 $^1/_2$ à 5 schellings la rame.

PAPIERS COLORÉS D'UN COTÉ, POUR GARNITURE DE CARTONS, BOITES, LIVRES, ETC., ÉCHANTILLON N° 16.

On pourrait en importer 20 rames assorties de couleurs jaune, vert clair, vert foncé, bleu de Prusse et bleu d'outremer.

PAPIERS D'EMBALLAGE.

Consommation considérable. Ceux qui ont le meilleur débit sont :

DÉSIGNATION DES PAPIERS.	NUMÉROS DES ÉCHANTILLONS	NOMBRE DE RAMES A IMPORTER.
Format impérial.	22	60
» » double grandeur.		20
Papier officiel.	23	40
» de comptoir.	24	200
» bleu, double couronne.	46	60
» tarré, double grandeur.	47	10
» verré (1), (sept échantillons).	48	20

(1) Se placent de 8 à 9 pence les 24 feuilles. Consommation bornée.

Cire à cacheter,

NOIRE, ROUGE ET DE FANTAISIE, ÉCHANTILLON N° 15.

S'emballe par paquets de 20 et de 40 bâtons à la livre, c'est-à-dire 20 bâtons pour la noire et la rouge, et 40 pour celle de fantaisie. Prix de vente : 5 schellings les 12 livres.

CIRE COMMUNE, SERVANT A BOUCHER LES BOUTEILLES.

On use les rouge, noire, vert foncé et marron. Prix de vente : 3 schellings les 12 livres.

On peut importer :

Cire fine.	150 livres.
Cire commune.	300 »

Pains à cacheter.

S'importent en petites boîtes rondes, de bois ou de fer blanc, qui contiennent une once.

Prix de vente : 8 schellings les 12 boîtes.

On peut importer 250 boîtes par navire.

Ardoises d'écoliers.

Les dimensions voulues sont :

DIMENSIONS	PRIX DE VENTE.	NOMBRE A IMPORTER.
8/6 pouces.	42 schell. la grosse.	1 grosse.
11/7 »	54 » »	6 douzaines.
12/8 »	72 » »	3 »

Ces ardoises sont encadrées en bois de sapin très-commun. On importe aussi des ardoises encadrées en bois plus dur pour lesquelles on obtient 25 % de plus.

Crayons d'ardoises.

Prix de vente : 7 à 8 schellings le 1,000; on les emballe par paquets de 100.

On peut importer par navire 20,000 crayons d'ardoises.

Crayons.

	Prix de vente.
Crayons communs.	$2\,^1/_2$ à 4 schellings la grosse.
» ordinaires.	6 à 7 » »

On peut importer 24 grosses crayons communs et ordinaires.

Plumes.

Les plumes métalliques sont importées d'Angleterre à des prix qui écartent toute concurrence. Les plumes d'oie peuvent seules offrir quelque avantage, mais la consommation en est bornée.

Pinceaux en poils de chameau.

Sont importés en boîtes d'une grosse, assortis de grandeurs. Les plus grands et les plus petits sont représentées par les échantillons nos 28 et 29. On en obtient 8 schellings la boîte.

On peut importer par navire 24 boîtes.

Cartons.

Les Allemands ont importé, cette année, des cartons à plus bas prix que les Anglais; ils n'ont pu être vendus qu'avec perte, vu leur défaut de solidité. Cet article se vend au poids, et on l'importe ordinairement en ballots de 100 livres. Ceux qui sont du meilleur débit, sont les cartons.

Fools cape $^{16}/_{13}$ pouces.
Demy $^{16}/_{24}$ »
Royal $^{24}/_{36}$ »

Prix de vente : 54 schellings le ballot de 100 livres.

Voyez l'échantillon annexé au présent.

On peut importer 12 ballots.

Les cartons cuirs, si renommés par leur solidité, ainsi que les cartons à satiner et ceux en porcelaine glacés sont inconnus sur la place. Plusieurs négociants, à qui l'on a parlé de ces cartons, sont unanimes pour dire que ces articles se vendraient bien. Pour les cartons ordinaires, il est nécessaire de n'employer qu'une matière première aussi solide que celle représentée par l'échantillon n° 30.

Registres de bureau.

Les registres de commerce sont de bonne vente à Sydney, et peuvent offrir de l'avantage à l'industrie nationale.

La reliure doit être faite en veau blanc velouté (appelé en Angleterre *rough calf*), ou en basane préparée, qui l'imite parfaitement.

Tous les registres de 4 mains et au-dessous sont en demi-reliure; ceux de 6 mains et au-dessus sont reliés en plein.

Les registres de 4 à 10 mains doivent être très-solides et avoir des dos élastiques. Le mode de lignage représenté par les modèles 1,2,3 est de toute rigueur. Les formats royal et impérial doivent porter au dos une étiquette en maroquin rouge, avec un filet d'or où doit figurer l'inscription en or : LEDGER.

L'état ci-joint indique le genre, la dimension, la reliure, le mode de lignage et la quantité des registres de commerce que l'on peut importer par navire à Sydney, avec certitude d'un prompt écoulement.

GENRE DE PAPIER.	NOMBRE DE MAINS.	DIMENSIONS EN POUCES ANGLAIS. LONGUEUR.	LARGEUR.	RELIURE.	N° DE MODÈLE A CHOISIR POUR LE LIGNAGE.	QUANTITÉS, PAR DOUZAINES, A IMPORTER PAR NAVIRE.
Folds càpe.	2	12 1/2	8	Demi.	1	6
	4	»	»	»	1	6
	6	»	»	En plein.	2	3
	7	»	»	»	3	1
	8	»	»	»	3	1
Demy.	2	14 1/2	9 1/4	Demi.	1	2
	4	»	»	»	1	2
	6	»	»	En plein.	2	1
	8	»	»	»	3	1
Médium.	4	16	12 1/4	Demi.	1	2
	6	»	»	En plein.	2	1
	8	»	»	»	3	1
Royal.	6	18	14	»	3	1/2
	8	»	»	»	3	1/2
Impérial.	8	20 1/4	14 1/4	»	3	1/2
	10	»	»	»	3	1/2

Papiers à meubler.

Le papier consigné à bord de l'*Océanie* a été bien vendu. Néanmoins, il ne faudrait pas se baser sur le résultat de cette vente pour en importer de fortes quantités, car l'usage en est très-borné. Dans l'assortiment de 5 à 600 fr. que l'on peut importer par navire, il vaut mieux, pour la vente, ne choisir que le papier commun, sans empêcher pour cela le bon goût ni les beaux dessins.

Cartes à jouer.

Bonne vente. On ne fait usage que des cartes, modèles anglais. Les deux qualités de meilleur débit sont représentées par les échantillons nos 25 et 26.

On peut importer 50 grosses de chaque espèce.

Carosserie.

Bien qu'il existe à Sydney quelques ateliers de carosserie, les voitures sont chères et ne sont pas comparables, sous le rapport de la solidité, de la légèreté et de l'élégance aux produits de l'industrie bruxelloise. On pourrait importer par navire trois ou quatre tilburys et une ou deux voitures de maîtres, d'une forme élégante et moderne, avec certitude d'un placement avantageux.

Sellerie et harnacherie.

La sellerie et la harnacherie se travaillent aussi à Sydney, mais la main d'œuvre étant chère, le tout est à un prix élevé.

On pourrait importer 30 selles avec brides, élégantes et bien confectionnées. (La sellerie commune est importée à vils prix d'Angleterre, tandis que la sellerie légère et élégante est très-recherchée.) On vendrait bien aussi une douzaine de harnais du tilbury bien exécutés.

Fer.

La valeur importée annuellement est de 22 à 23,000 livres sterlings; l'Angleterre est seule en possession de ce commerce. Les prix de vente varient de 8 à 16 livres le tonneau, suivant l'approvisionnement de la place.

L'assortiment suivant est du meilleur choix pour la vente :

110	barres	rondes de	3/4	pouces.	
90	»	»	7/8	»	
110	»	»	1	»	
100	»	carrées	3/4	»	
70	»	»	7/8	»	
35	»	»	1	»	
110	»	»	1 1/4	»	× 3/8.
75	»	»	1 1/2	»	× 1/2.
45	»	»	2	»	× 1/2.
40	»	»	2 1/2	»	× 1/2.
35	»	»	2 3/4	»	× 5/8.
30	»	»	2 3/4	»	× 3/4.
60	»	»	3	»	× 5/8.
40	»	»	3	»	× 3/4.
10	quintaux	fer en bottes de	1	»	× 1 1/4.
10	»	»	1/2	»	carré.
10	»	»	1/2	»	rond.
10	»	»	3/8	»	»
6	»	»	3/8	»	carré.

Plomb.

S'importe en feuilles de 1, 2, 3, 4, 5 et 6 livres par pied carré. Les prix sont également subordonnés aux besoins de la place, et varient de 16 à 24 livres le tonneau. La consommation annuelle atteint la valeur de 3,000 livres sterlings.

L'assortiment le plus convenable pour la vente est :

2	feuilles,	1	livre par pied carré.
5	»	2	»
4	»	3	»
3	»	4	»
3	»	5	»
2	»	6	»

Le poids des feuilles varie de un à quatre quintaux.

Plomb de chasse.

Est importé d'Angleterre à des prix qui écartent toute concurrence. Le prix moyen de vente à Sydney est de $2\,{}^{1}/_{4}$ à $2\,{}^{1}/_{2}$ pence la livre. Les numéros demandés sont : 000, 00, 0, 1, 4 et 5.

Le plomb de chasse qui se trouvait à bord de l'*Océanie* s'est vendu avec perte.

Fer blanc.

Est importé en feuilles de 15 pouces de longueur sur 11 pouces de largeur. On l'emballe par caisses de 225 feuilles, épaisseur I C, I X et I XX. La consommation annuelle est de 1,800 à 2,000 caisses.

On peut importer par navire :

ÉPAISSEUR.	NOMBRE DE CAISSES.	PRIX DE VENTE.
IC	50	40 à 44 schellings la caisse.
IX	50	45 à 48 »
IXX	25	50 à 58 »

Zinc.

Le zinc en saumons, barres ou plaques, ne s'importe pas encore dans la colonie ; il n'y a que le zinc laminé, dont l'usage devient de jour en jour plus fréquent, qui peut être importé avec avantage, et qui est un des principaux articles d'exportation de la Belgique. Le zinc s'importe en feuilles roulées, de diverses épaisseurs, et se vend, au poids, de 36 à 40 schellings le quintal.

On peut en importer 3 ou 4 tonneaux par navire.

Fil de fer.

S'importe en bottes de différents numéros, et se place au prix de 11 à 14 schellings la botte. La consommation en est bornée, et l'on ne pourrait guère en importer par navire plus de :

4	bottes	n° 4.
10	»	n° 6.
10	»	n° 7.
10	»	n° 8.
5	»	n° 9.
5	»	n° 10.
10	»	n° 12.
5	»	n° 14.

Clouterie.

Encore un des bons articles à importer en Australie. Les prix des clous anglais permettent à l'industrie nationale de soutenir avantageusement la concurrence. Les plus recherchés, dans la colonie, et ceux dont la vente est toujours courante, sont les clous (*patent nails*) provenant de la manufacture *Ewbank's*. Les cartes d'échantillons n°s 43 et 44 permettront aux intéressés de juger du genre convenable et du mode de fabrication à adopter pour ce pays. La valeur importée annuellement à Sydney est de 3,500 à 4,000 livres sterlings.

L'emballage se fait en barils de fer de la contenance d'un quintal (112 livres anglaises).

L'assortiment à importer par navire peut être de :

20	barils	1 1/4	pouces	3 1/2	livres	(shingle).
5	»	1 1/2	»	4	»	double.
5	»	1 3/4	»	5	»	»
20	»	2	»	10	»	(batten).
5	»	2 1/4	»	12	»	»
5	»	2 1/2	»	17	»	»

20	barils	3	pouces	25	livres	(batten).
5	»	2	»	8	»	(hurdle).
2	»	2 1/2	»	12	»	»
5	»		»	12	»	(floring brads).
5	»	2 1/2	»			»
5	»	2 3/4	»			»

Coutellerie.

On sait que la coutellerie anglaise est livrée au commerce à des prix très-peu élevés. Il reste à savoir si l'industrie namuroise, quoique justement renommée, pourra soutenir la concurrence, non-seulement pour le bon marché, mais aussi pour la qualité. Dans l'affirmative, l'assortiment le plus convenable pour la vente est celui-ci :

NOMBRE DE DOUZAINES.	ARTICLES A IMPORTER.	PRIX DE LA DOUZAINE.
30	Fourchettes de table à 3 dents et à 3 clous dans le manche.	6 schell.
30	Couteaux de table à 3 clous dans le manche.	6 »
12	Fourchettes à dessert à 3 dents et à 3 clous dans le manche.	5 »
12	Couteaux à dessert à 3 clous dans le manche.	5 »
24	Couteaux de table, manche en ivoire (balance).	15 1/2 »
24	Couteaux à dessert, idem.	12 1/2 »
12	Fourchettes à 3 dents, manche noir.	9 1/2 »
12	Couteaux »	9 1/2 »
12	Fourchettes à dessert »	8 »
12	Couteaux » »	8 »
36	Couteaux (dober), lame 3 1/2 pouces.	4 1/2 »
36	» » » 4 »	5 1/2 »
36	Canifs à une lame, manche en corne (sheepfort), lame 2 3/4 pouces.	4 1/2 »
36	Canifs à une lame, manche en corne (sheepfort) lame 3 pouces.	5 »
36	Canifs à une lame, manche en corne (sheepfort), lame 3 1/4 pouces.	5 1/2 »
36	Canifs à deux lames, manche en corne (sheepfort), lame 2 3/4 pouces.	7 »
36	Canifs à deux lames, manche en corne (sheepfort), lame 3 pouces.	8 »
36	Canifs à deux lames, manche en corne (sheepfort), lame 3 1/4 pouces.	9 »
36	Ciseaux assortis.	6 à 12

On fait aussi un usage considérable de ciseaux, semblables à l'échantillon n° 45, pour la tonte des moutons. L'époque la plus favorable pour la bonne vente de cet article est en juin et juillet ; on pourrait en importer, vers cette époque, 2 ou 300 douzaines avec certitude d'un rapide et bon débit.

Quincaillerie.

C'est de Sheffield, siége principal de l'industrie anglaise, que s'expédie en grande partie la quincaillerie destinée à l'exportation. La place de Sydney est presque toujours encombrée d'outils et d'instruments d'agriculture, de menuiserie, de charpenterie, de serrurerie, etc., et souvent même les ventes ne se font qu'avec perte. On pense donc que l'industrie nationale se trouve dans des conditions qui ne lui permettent pas d'affronter la concurrence, et on se borne ici à indiquer l'assortiment qui, le cas échéant, aurait le plus de chance d'être vendu :

NOMBRE DE DOUZAINES.	ARTICLES A IMPORTER.	PRIX DE LA DOUZAINE.
50	Faucilles.	11 1/2 sch.
10	Faux.	28 »
1/2	Tarières 3/8.	16 »
1/2	» 1/2.	18 »
1/2	» 5/8.	19 »
1/2	» 3/4.	20 »
1/2	» 7/8.	22 »
1/2	» 1	24 »
1	Scies 4 1/2 et 5.	4 » 9 p.
12	» à mains 3, 4, 4 1/2.	3 » 6 »
1 1/2	» de scieur de long 6 1/2 et 7 pieds (*la pièce*).	26 »
12	Haches (felling).	3 »
4	» (broad).	6 »
5	» (breght helved).	13 »
1	» (shingling).	15 »
1 1/2	Scies (X cut).	20 »
10	» à main (iron back).	60 »

Autres articles souvent en demande :

50 grosses boucles assorties pour brides.
12 douzaines paires étriers ordinaires.
12 » mors »
6 » » plus soignés.
6 » » 1re qualité.
1 » » pour les courses.
6 » » pour conduire.

6 douzaines éperons forts (argent de Berlin).
8 » » à visser »
12 » » légers »
100 » clous avec tête argentée pour selle.

On pourrait joindre à ce dernier assortiment 50 douzaines plateaux ou cabarets décorés, assortis de grandeurs, qui sont toujours de bonne vente.

Amidon.

Se fabrique dans la colonie. Néanmoins, la valeur annuelle importée d'Angleterre est encore de 1,200 livres sterlings. On l'emballe dans des caisses de 28 et de 56 livres. On en obtient de 4 ½ à 7 pence la livre.

On peut importer par navire 25 caisses.

Cordes pour instruments à archets.

Les cordes en boyau pour violon et guitare s'importent en paquets de 30, et celles en métal en paquets de 12.

	Prix de vente.
Cordes en boyau, violon et guitare.	7 ½ sch. le paquet.
» en métal pour violon	8 »
» en métal pour guitare	12 »

On peut importer par navire 30 paquets cordes en boyau et 15 paquets cordes en métal.

Or en feuilles pour dorure.

Bon article et conservant toujours sa valeur. Les feuilles se placent entre les pages d'un petit livre qui doit contenir 25 feuilles d'or. L'emballage doit être soigné de manière à prévenir le mauvais effet de l'humidité. On place 20 petits livres, ce qui fait 500 feuilles d'or, dans un paquet que l'on entoure bien de flanelle avant de l'emballer dans une caisse de zinc.

On peut importer par navire 20,000 feuilles d'or, pour lesquelles on obtiendrait 70 à 80 schellings le mille. Les feuilles doivent avoir la dimension de 3 ¼ pouces anglais carrés.

Chanfreins dorés pour cadres.

S'importent en baguettes de différentes grosseurs et longueurs. Vente courante au prix de 5 à 6 pence le pied.

On peut importer 4,000 pieds par navire.

Bleu d'outre-mer.

Bonne vente, mais en petite quantité. Il ne faut que la première qualité. Celui importé dans la colonie vient de l'Allemagne, en paquets de 7 livres, et il est ordinairement vendu 20 schellings le paquet.

On peut en importer 20 paquets.

Éponges.

Celles de voiture, de table, de cavalerie, etc., sont de vente assez limitée. Celles de toilette se vendent plus couramment ; on en obtient 3 schellings l'once.

On peut importer par navire :

Éponges communes	600	onces.
» de toilette	400	»

Chamoiserie.

On peut importer 18 à 20 douzaines de peaux assorties des nos 00 jusqu'au no 6, avec certitude d'un prompt débit.

Peaux pour reliure.

Les plus en usage sont celles de maroquin et de mouton. La peau de chagrin est très-peu demandée, tandis que les deux autres sont très-recherchées et manquent même souvent sur place.

On peut en importer un bon assortiment avec certitude de le vendre avec un beau profit.

Pierres à aiguiser.

L'Australie peut offrir un débouché assez important à l'industrie de Vielsalm. Ce n'est pas seulement pour repasser les rasoirs et les canifs qu'on recherche ces pierres, mais c'est principalement pour aiguiser les ciseaux dont on fait un usage très-considérable pour tondre les moutons. Les pierres à rasoirs sont toujours en demande, et se vendent à des prix relativement très-élevés. On peut importer, dans le commencement, par navire, 2,000 pierres à rasoirs et 300 pierres à canifs.

Cuirs.

Les cuirs forts étant tannés et corroyés dans la colonie, et formant même un objet de commerce d'exportation, il ne peut pas être question d'en importer à Sydney. Les cuirs laqués sont seuls recherchés par les cordonniers et les carossiers. Ces cuirs doivent être souples, solides, et le vernis brillant, sans être collant ni cassant.

On en obtient ordinairement 60 schellings la douzaine. On peut en importer 30 douzaines.

Allumettes chimiques.

Sont fabriquées en partie dans la colonie et ne laissent plus de bien grands avantages à l'importation. Cependant les allumettes *vestas* en cire, placées dans des boîtes conformes à l'échantillon n° 49, sont toujours chères et demandées.

On peut en importer 12 grosses par navire. La valeur importée annuellement des différentes espèces d'allumettes est encore de 900 à 1,000 livres sterlings.

Colle forte.

Se fabrique dans la colonie, mais laisse beaucoup à désirer pour la qualité. Celle très-forte et bien transparente est recherchée avec empressement.

On pourrait en importer 3 ou 400 kilos par navire.

Passementerie.

La passementerie en coton, coton et laine, laine et soie, les crêtes, les franges, les glands, les boutons, etc., etc., en un mot tout ce qui est ornement pour garniture de robes et de vêtements de dames, est d'un grand usage à Sydney. Il est impossible de donner avec assez de sécurité des renseignements sur les goûts des consommateurs, car ils varient continuellement; tout ce que l'on peut assurer, c'est que tout ce qui est nouveau et de bon goût est de vente très-courante.

La passementerie en or et en argent, les broderies, etc., sont de vente très-bornée.

Dentelles.

La plus grande consommation roule sur les dentelles de coton, et aucun pays ne pourrait soutenir la concurrence avec l'Angleterre; on peut s'en assurer en consultant les échantillons nº 51, sur lesquels on a indiqué les prix de vente à Sydney. Les dentelles réseau crochet qui étaient consignées à bord de l'*Océanie*, et pour lesquelles on avait payé de 75 c. à 1 fr. le yard, n'ont pu se vendre qu'au prix de 4 à 5 pence, ce qui constitue, avec les frais, une perte de 75 %.

Les dentelles en fil, quoique de vente moins courante que celles de coton, peuvent peut-être offrir quelque avantage à ceux qui en importeraient un assortiment bien choisi et de bon goût.

Les dentelles blanches n'ont guères qu'une largeur de 1 à 1 ½ pouce. (Voir les échantillons nº 52 sur lesquels on a indiqué les prix de vente). Les pièces n'ont pas moins de 12 ni plus de 18 yards de longueur.

La dentelle noire se vend bien surtout à l'approche de l'hiver; les pièces sont de même longueur que ci-dessus, mais les largeurs en usage varient de 1 à 5 pouces.

On ne pourrait importer que pour 2 à 3,000 francs de dentelles par navire.

Fils à coudre.

Les fils de coton blanc et noir s'importent en bobines de 100, 200 et 300 yards, emballées en paquets par douzaine. Les nºˢ en usage sont de 10 à 60, mais les nºˢ 20 à 36 sont plus demandés.

		Prix de vente :
Bobines de 100 yards,	6 à 8	pence le paquet.
» 200 yards,	12 à 16	»
» 300 yards,	18 à 22	»

Les fils de coton de couleurs s'importent également en paquets d'une douzaine de bobines, mais il faut les assortir de couleurs, et les bobines ne peuvent être que de 100 yards. Les numéros en usage sont de 24 à 36, et les prix de vente sont de 6 à 8 pence le paquet. (Voir les échantillons.)

Il se fait une consommation considérable de tous ces fils, mais les prix indiqués semblent rendre la concurrence bien difficile.

Les fils des Flandres, en revanche, peuvent prétendre à quelque succès, et la consommation n'est pas sans être d'une certaine importance. Les numéros en usage sont 25, 30 et 35; ils s'importent en échevaux semblables aux échantillons, par paquets d'une livre. Le paquetage doit être particulièrement soigné, et l'on se ferait difficilement une idée de l'importance qu'on attache à toutes les perfections de détail. Les couleurs en usage sont noire, brune, grise et blanche; on use très-peu de rouge et de bleu.

Prix de vente :

N° 25,	21 à 24 pence la livre.	
N° 30,	24 à 27	»
N° 35,	28 à 30	»

On pourrait en importer 500 kilos couleurs assorties.

Soie à coudre.

S'importe comme les fils de lin, en échevaux, par paquets d'une livre, excepté la soie noire, dont on peut faire des paquets de 6 à 8 livres.

Toutes les nuances sont de vente quand les couleurs sont vives et brillantes.

Prix de vente :

Soie blanche,	23 à 26 schellings la livre.	
Soie noire,	18 à 24	»
Autres couleurs	16 à 21	»

On peut en importer 200 livres par navire.

Toiles de lin.

Sydney consomme annuellement, terme moyen :

2,500 pièces toile blanchie avec apprêt, pour devants, poignets et collets de chemises.

10,000 « écrue sans apprêt, appelée (brun holland) affectée aux confections de blouses, tabliers, doublures, etc.

4,000 « écrue avec apprêt, affectée aux mêmes usages que ci-dessus.

Tous ces toiles ont un yard de largeur et chaque pièce à une longueur moyenne de 30 yards.

Appréciant toute la légitime importance qu'on attache, en Belgique, au développement de ce commerce, on n'a négligé aucune peine, aucun soin, aucune démarche pour parvenir à connaître le véritable état des choses.

Le tableau ci-joint permettra aux intéressés de juger s'il y a lieu d'importer, avec avantage, des toiles belges en Australie. Dans l'affirmative, il peut donner une idée de l'assortiment à importer par navire. Les négociants qui ont été consultés à cet égard ont été unanimes pour dire que c'est l'assortiment le plus convenable pour la place de Sydney.

Quoique le tableau qui suit indique l'espèce de toile, le nombre de fils en chaîne et en trame, les intéressés feront bien de consulter les échantillons (*A* 90) sur lesquels on a également indiqué les prix de vente.

TABLEAU

INDIQUANT LE RÉSULTAT D'UNE VENTE DE TOILE EFFECTUÉE A SYDNEY, LE 28 MAI 1850.

DÉSIGNATION DES ESPÈCES.	NUMÉROS DES ÉCHANTILLONS.	NOMBRE DE PIÈCES VENDUES.	NOMBRE DE FILS EN CHAINE.	NOMBRE DE FILS EN TRAME.	PRIX OBTENUS PAR YARD. schell.	PRIX OBTENUS PAR YARD. pence.	Observations.
Toile blanchie avec apprêt.	1	12	17	16	2	1	On ne fait pas usage de toile blanchie sans apprêt.
	2	10	17	14	1	9	
	3	15	16	16	1	8	
	4	14	14	15	1	4	
Toile écrue sans apprêt.	5	25	16	12	»	10	La toile écrue sans apprêt est beaucoup plus recherchée que celle avec apprêt.
	6	50	14	15	»	9	
	7	48	15	11	»	8	
	8	102	11	10	»	7 1/2	
Toile écrue avec apprêt.	9	15	16	16	1	»	
	10	12	15	15	»	10	
	11	16	15	14	»	9 1/2	
	12	18	14	14	»	9	
	13	23	12	10	»	5 1/4	

Toile pour essuie-mains.

La carte d'échantillons n° 92 indique les qualités demandées. Les pièces ont 24 pouces de largeur et 50 yards de longueur. On en obtient 8 à 10 pence le yard.

On peut importer 100 pièces par navire.

Batiste.

Les Anglais flattent les goûts des consommateurs, et sacrifient la solidité à l'apparence. La plupart des mouchoirs importés sont mélangés de coton, et vendus à des prix qui écartent toute concurrence. Les mouchoirs de batiste qui avaient été importés, à titre d'essai, de Belgique, n'ont pu être vendus à Sydney qu'à 50 % de perte.

Linge de table.

La plus grande consommation roule sur les nappes de coton damassé; elles sont importées en coupons de 2 à 3 yards de longueur, et leur largeur est toujours de $^1/_4$ yard de moins que leur longueur. On en obtient généralement 2 à 4 schellings le coupon.

On ne pense pas qu'à ce prix il puisse faire compte d'en importer de Belgique.

Le linge de table en fil est de consommation limitée, et la valeur importée annuellement n'est que d'environ 1,000 livres sterlings. On n'use, pour ainsi dire, que la qualité commune. On ne l'importe pas en coupons comme la toile de coton, mais en pièces de 30 à 50 yards de longueur sur 2 yards de largeur. On en obtient 1 $^1/_2$ à 2 schellings le yard.

On peut en importer 25 pièces par navire.

Coutils pour pantalons.

Il se fait une grande consommation de coutils de fil et fil et coton. On n'use que le blanc et le brun unis, de manière qu'aucun dessin n'est reçu avec faveur. Les coutils unis qui se trouvaient à bord de l'*Océanie* se sont bien vendus, tandis que ceux à dessins n'ont pu être placés qu'avec perte.

La longueur ordinaire des pièces est de 40 yards, et la largeur de 27 pouces. On obtient, pour les coutils unis, 1 à 1 $^1/_2$ schelling le yard, suivant qualité.

On peut importer par navire, surtout au commencement de l'été,

300 à 400 pièces coutil blanc.
150 à 200 » brun.

Coutils pour matelas.

Le seul coutil de fil en faveur est représenté par l'échantillon *A* 91, mais la plus grande consommation roule sur les coutils de coton (échantillon *J C R* 83).

On ne fait aucun usage de coutils à carreaux, tous les dessins doivent être rayés. Les pièces ont ordinairement 60 à 70 yards de longueur, et 27 pouces de largeur.

Prix de vente :

Coutils de coton, 5 à 6 pence le yard.
» de fil, 10 »

On peut importer 200 pièces coutil de coton, et 50 pièces coutil de fil.

Soieries, cotons, indiennes, calicots, étoffes légères pour robes, en laine, coton et laine, châles, modes, etc.

La valeur importée annuellement à Sydney dépasse 150,000 livres sterlings, et, à quelques exceptions près, c'est l'Angleterre qui est seule en possession de ce commerce. Sydney est comme un lieu de refuge où sont généralement dirigées les marchandises qui ont fait la saison en Europe sans pouvoir être vendues ; il en résulte que la place est presque toujours encombrée de soieries, cotons, indiennes, percales, calicots écrus et blanchis, serges, lastings, armuzines, velours de soie et de coton, étoffes légères pour robes, en laine, coton et laine, barèges, mérinos, châles, etc., etc., et d'une infinité d'autres produits manufacturés, classés parmi les modes et nouveautés, dont le plus grand nombre est vendu à vils prix, et souvent même à meilleur compte qu'en Europe ; il faut donc renoncer, quant à présent du moins, à l'espoir d'importer avec avantage la majeure partie de ces articles. Toutefois, afin de permettre aux intéressés d'établir des points de comparaison, de leur faire connaître les goûts et les convenances des consommateurs, et de profiter des avantages, s'il y en a, on a cru devoir se procurer tous les échantillons, et donner des informations sur les aunages, les modes d'emballages et les prix de vente de ceux de ces articles qui se fabriquent en Belgique, et qui sont d'une vente courante sur la place.

Étoffes légères pour robes, en laine, coton et laine.

S'importent généralement en pièces de 30 à 40 yards. Les deux largeurs en usage sont de 27 et de 36 pouces. Souvent ces mêmes étoffes sont envoyées en coupons de 12 yards, et la vente ne s'en opère que mieux. Le mode d'emballage n'est pas uniforme.

Les échantillons (*J C R*) 80 représentent les étoffes de laine qui, au mois de mai de cette année, étaient du meilleur débit. La longueur des pièces est de 40 yards, la largeur de 27 pouces.

Prix de vente : 11 pence le yard.

A D W 282. Étoffes laine et coton. Coupons de 12 yards, largeur 27 pouces.

Prix de vente : 9 schellings le coupon.

(*K*) 893. Laine et coton. Longueur 40 yards; largeur 36 pouces.

Prix de vente : 16 pence le yard.

J 124. Laine et coton. Longueur 33 yards; largeur 27 pouces.

Prix de vente : 8 pence le yard.

A 93. Laine et coton. Longueur 30 yards; largeur 36 pouces.

Prix de vente : 11 pence le yard.

A 99 et *A* 100. Étoffes à carreaux laine et coton pour tabliers. Grande consommation. Longueur 40 yards; largeur 36 pouces.

Prix de vente : 7 pence le yard.

Calicots, écrus et blancs, étroits et larges.

Se vendent au yard. Les étroits ont 33 et 36 pouces de largeur, et la longueur des pièces est de 70 à 80 yards.

Les calicots larges ont toujours 40 yards de longueur et 72 pouces de largeur.

ESPÈCES.	ÉCHANTILLONS.	LARGEUR.	PRIX DU YARD.
Calicots écrus.	*J R C* 61	55 pouces.	4 pence.
	» 62	56 »	5 1/2 »
	» 65	72 »	9 »
Calicots blancs.	(*J C R*) 69	56 »	4 »
	» 71	56 »	4 1/2 »
	» 72	56 »	4 1/2 »
	» 73	56 »	5 »
	» 75	72 »	1 schelling.

CALICOTS IMPRIMÉS POUR RIDEAUX.

Longueur 28 yards ; largeur 27 pouces. Les échantillons (*J C R*) 60 peuvent donner l'idée des dessins les plus convenables. Les calicots imprimés ne se vendent pas au yard mais à la pièce. Prix de vente : 12 schellings.

Cotons imprimés.

Les indiennes se vendent tantôt au yard, tantôt à la pièce, suivant les qualités et les aunages. Les cinq paquets d'échantillons qui accompagnent la présente réunissent tous les genres et toutes les qualités qui s'importent, et indiquent les différents modes de vente :

J C R 68 et *J C R* 66. Pièces de 40 yards. Largeur 36 pouces.

Prix de vente : 8 pence le yard.

A 101. Pièces de 36 yards. Largeur 27 pouces.

Prix de vente : 7 pence le yard.

J C R 57. Pièces de 28 yards. Largeur 27 pouces.

Prix de vente : 9 schellings la pièce.

» 82. Pièces de 24 yards. Largeur 30 pouces.

Prix de vente : 12 schellings la pièce.

Coton rayé pour chemises.

Grande consommation. La carte d'échantillons *A* n° 98 peut donner une idée de ceux qui ont la vogue. Longueur des pièces 50 yards ; largeur 27 pouces.

Prix de vente : 6 à 6 $^{1}/_{2}$ pence le yard.

Mérinos.

On use assez de mérinos français; cependant la plus grande consommation roule sur les produits britanniques. Les pièces ont 36 pouces de largeur et 30 yards de longueur. Les prix de vente varient de 12 à 15 pence le yard.

Pour le genre et la qualité, voir la carte d'échantillons *A* 94.

Flanelle.

La flanelle en laine et demi-laine est d'un usage général dans la colonie. Les quantités importées annuellement d'Angleterre sont considérables.

Les pièces qui sont de meilleure vente ont 33 pouces de largeur et environ 46 yards de longueur. Les prix de vente varient de 10 à 18 pence le yard, suivant qualité et suivant les besoins de la place.

Voir les deux cartes d'échantillons *K* 903 et 904.

Velours.

Le velours de soie est de consommation bornée ; celui de coton est d'un bon débit à l'approche de l'hiver. On use les noir, bleu, marron, cramoisi, plomb, azuré. Les pièces ont 22 pouces de largeur, et leur longueur est de 36 yards.

	Prix de vente :
Velours de coton noir,	12 pence le yard.
Autres couleurs,	14 » »

Voir les échantillons *J C R* 85.

Draps.

Depuis que les *tweed* sont fabriqués dans la colonie, l'importation des draps a beaucoup diminuée. Néanmoins les noir, bleu et vert foncé sont toujours de vente, et on pourrait en importer 15 à 20 pièces de chaque espèce, sans influencer le marché.

On pourrait y joindre une ou deux pièces seulement de

gris mêlé, noisette, bronze et marron, la consommation en étant sans importance.

Les draps anglais ont 60 pouces de largeur, et 25 à 30 yards de longueur.

L'emballage se fait en ballots de 6 à 8 pièces bien pressées.

Les prix de vente sont de 10 à 15 schellings le yard.

Voir les cartes d'échantillons *A* 96 et 97.

Étoffes à pantalons.

Généralement toutes les étoffes de fantaisie pour vêtements d'été en coton et laine, fil, coton et fil, laine et fil, coton pur, etc., qui se fabriquent si bien et à si bas prix à Tournay, Courtrai et Mouscron, sont de vente à Sydney, et un assortiment de 5 à 600 pièces, qui arriverait au commencement de l'été, trouverait un écoulement prompt et avantageux. On doit éviter de choisir les grands dessins et les couleurs tranchantes. Les étoffes unies et mélangées, celles à petites lignes et à petits carreaux sont toujours de mode. On ne pourrait joindre que 3 ou 4 douzaines de pièces d'un dessin plus hardi, mais cependant de bon goût, pour habillements d'enfants, etc. On a réuni, dans le paquet d'échantillons *A* 102, les dessins nécessaires pour faire comprendre ce qui convient le mieux.

Quant aux étoffes de laine, pour laisser de l'avantage, elles ne devraient arriver qu'au commencement de l'hiver, c'est-à-dire vers le mois de mai. On pourrait choisir parmi les articles qui ont eu la vogue en Europe pendant l'hiver, et n'importer que celles qui ont le plus de corps. La place est presque toujours dépourvue de ces articles, et cependant on les recherche beaucoup. Ce n'est pas cependant que l'hiver soit rigoureux, mais les chaleurs de l'été rendent très-sensibles au froid.

Les étoffes de laine pour pantalons ont 28 pouces de largeur et 30 yards de longueur. On obtient, pour les qualités ordinaires, semblables aux échantillons *A* 95, 5 ½ schellings le yard.

Il reste encore à faire mention de deux espèces d'étoffes, d'une consommation fort considérable, mais pour lesquelles on pense que l'industrie nationale se trouve dans des conditions qui ne lui permettent pas encore d'affronter la concurrence. On veut parler des cotons forts à côtes et des moleskins. La longueur des pièces est de 40 yards et la largeur de 27 pouces. Le prix de vente en gros est de 15 à 16 pence le yard. Les 3 paquets d'échantillons *A* 76 à 78 réunissent tout ce qui s'importe en ce genre.

On se ferait difficilement une idée de la consommation de ces articles : ils sont toujours de mode, hiver et été, les besoins ne s'arrêtent pas, et on les importe par milliers de pièces, soit pour l'intérieur, soit pour être dirigées dans les différents groupes de l'Océanie. Ces étoffes sont du reste recommandables par leur bonne fabrication et leur solidité.

Habillements confectionnés.

La valeur importée annuellement est de 58 à 60,000 liv. sterlings et la principale consommation roule sur les étoffes communes, tels que cotons forts, moleskins, draps grossiers, etc. La concurrence pour les habillements est malheureusement encore des plus redoutables. Les paletots d'hiver, du genre de l'échantillon n° 103, ne se placent qu'au prix de 16 à 20 schellings et les pantalons de coton fort, échantillon n° 104, ne peuvent se vendre qu'à 4 ou 5 schellings.

Pour un paletot en étoffe légère (fabrication de Tournay, Courtrai et Mouscron) on obtiendrait 5 schellings et pour un pantalon 3 schellings. On pense que ces prix, sans laisser de bien grands profits, autorisent cependant la concurrence, puisque, si les calculs qu'on a faits sont bien exacts, ils peuvent laisser un bénéfice net de 20 à 25 %.

Il importe de faire un bon choix dans les étoffes. Autant que possible ne prendre, pour les paletots, que les tissus unis, sombres, ou à petits dessins. Pour les pantalons, leur première qualité, c'est la solidité; les dessins préférés sont les carreaux. On ne porte pas, ou presque pas, de gilets, etc. La consommation des pantalons est dix fois plus forte que celle des paletots.

Les intéressés ne sauraient tenir trop rigoureusement compte de toutes les observations qui précèdent; ils doivent aussi avoir soin de faire confectionner les pantalons comme celui donné pour modèle (échantillon n° 104). Les jambes ne doivent pas être trop larges, et doivent être un peu plus étroites aux genoux qu'au bas. Les pantalons fendus sur le devant se vendraient difficilement. On ne porte que ceux à pont.

On peut importer, chaque été, 2 ou 3,000 pantalons et 3 à 400 paletots.

Chemises confectionnées.

Mauvais article, aussi bien pour les chemises en calicot avec devant, collet et poignets de toile, que pour celles en coton imprimé. On peut se procurer à Sydney, ce qu'il y a de mieux en fait de chemises de couleurs, au prix de

24 schellings la douzaine. La seule offre qui ait été faite pour les 48 douzaines qui se trouvaient à bord de l'*Océanie,* et qui ont coûté à Bruxelles 28 francs 50 centimes la douzaine, a été de 18 schellings.

Bonneterie.

Il serait impossible de donner ici la nomenclature de tous les articles de bonneterie. On se borne à donner le détail et l'indication des prix des articles les plus courants. On pense que la concurrence n'est possible que dans un petit nombre de cas.

BAS DE FEMMES.

	Prix de vente :	
En coton blanc, unis,	4 à 8 sch.	la douzaine.
» à jour,	6 à 10	»
En fil d'Écosse, unis,	15 à 20	»
» à jour,	16 à 22	»
En coton, noirs,	6 à 10	»
En cachemire, noirs,	16 à 24	»
» blancs,	16 à 24	»
En laine, noirs et blancs,	10 à 18	»
En soie et coton, blancs,	22 à 26	»

POUR HOMMES.

	Prix de vente :	
Chaussettes en coton écru et blanc,	$3\,^1/_2$ à 8 sch.	la douz.
» en laine	8 à 10	»

Tous les bas et chaussettes s'emballent en paquets d'une douzaine, excepté les bas fins, qui sont en boîtes.

Gants.

POUR FEMMES.

	Prix de vente :
En coton de toutes couleurs,	4 1/2 à 8 sch. la douzaine.
En fil,	7 à 9 »
En soie,	10 à 18 »

POUR HOMMES.

Gants de soie,	16 à 20 sch. la douzaine.

POUR ENFANTS.

Gants de soie,	8 à 12 sch. la douzaine.
Gants de coton,	3 1/2 à 6 1/2 »
Gants de fil,	5 à 8 »

Les numéros en usage pour les gants d'enfants sont de 2 à 6.

Bonnets de nuit en coton.

	Prix de vente :
Simple,	2 1/2 à 4 schellings la douzaine.
Double,	4 à 6 »

Gilets de flanelle pour hommes et femmes.

	Prix de vente :
En laine et coton,	30 à 50 schellings la douzaine.
En laine,	40 à 55 » »

Caleçons.

	Prix de vente :	
Laine et coton,	30 à 50 schellings la douzaine.	
Flanelle,	40 à 60 »	»

On ne porte pas de caleçons en coton.

Pantalons de femmes.

	Prix de vente :	
En laine et coton,	30 à 50 schellings la douzaine.	
En laine (flanelle),	40 à 60 »	»

Crinoline.

Cet article n'a pas encore été importé en pièces, quoique le besoin s'en fasse vivement sentir, car les dames ne portent presque plus d'autres jupons ni d'autres polissons.

	Prix de vente :	
Jupons de crinoline.	10	schellings la pièce.
Jupons imitation de crinoline.	6 à 8 »	»
Demi-jupons en crinoline.	30 à 36 schel.	la douzaine.
Polissons.	20 à 25 »	»

On pourrait importer 500 jupons et autant de polissons.

Corsets.

Consommation importante. Les numéros en usage sont de 21 à 30, mais 23 et 24 sont plus demandés.

On vend les corsets ordinaires de 45 à 120 schellings la douzaine, suivant qualité.

Les corsets mécaniques se vendent 12 ½ à 18 schellings la pièce. Depuis peu de temps, pour donner plus d'apparence à l'article, chaque corset un peu fin se place dans une boîte conforme à l'échantillon n° 105.

On pourrait importer, par navire, 6 grosses corsets assortis.

Lacets de soie pour corsets.

Vente courante. Les longueurs demandées sont 1 ¾, 2 ½, 3, 3 ½ et 4 yards.

Ils s'importent par boîtes d'une grosse.

	Prix de vente :		
1 ¾ yard.	36	schellings	la boîte.
2 ½ »	54	»	»
3 »	72	»	»
3 ½ »	84	»	»
4 «	96	»	»

On pourrait importer par navire 12 boîtes des quatre premières dimensions, et une boîte de la dernière.

Parapluies et parasols.

Sont vendus à vils prix par les Anglais, et ne peuvent laisser de l'avantage à ceux qui en importeraient à Sydney. Ceux en coton qui se trouvaient à bord de l'*Océanie* ont été vendus à 45 % de perte.

Foulards et écharpes.

Même observation que pour les parapluies. Les foulards sont importés des Indes et de l'Angleterre à des prix qui écartent la concurrence belge. On n'a pu placer qu'à 30 % de perte les foulards qui étaient consignés à bord de l'*Océanie*. Quant aux écharpes, il a été impossible de s'en défaire, attendu qu'on ne les porte pas en Australie.

Modes.

Les chapeaux consignés à bord de l'*Océanie* ont donné une triste idée de ce que l'on peut faire en ce genre, dans notre pays ; aussi se vendront-ils difficilement. Cependant les chapeaux de dame sont très-recherchés à Sydney, quand ils sont de première qualité, de bon goût, de dernière mode et bien frais. On pourrait en importer par navire 3 à 4 douzaines, des prix de 25 à 35 francs, avec certitude d'un placement avantageux. On peut joindre à cet envoi autant de bonnets du matin, élégants, coquets et ornés de fleurs et de dentelle.

Fleurs artificielles.

Les fleurs pour chapeau se vendent peu, tandis qu'on fait un grand usage de fleurs pour bonnets. On ne demande que celles de bonne qualité, d'un style élégant et léger.

On placerait avantageusement un assortiment d'un millier de francs.

Droguerie.

Il n'y a pas de droguistes proprement dit à Sydney; il n'y a que des pharmaciens, qui reçoivent en grande partie leurs médicaments tout préparés. La valeur de l'importation annuelle est de 9 à 10,000 livres sterlings, mais on n'a pu se procurer avec assez de sécurité des renseignements à cet égard, attendu que les essences, extraits, esprits, préparations, etc., ne sont pas les mêmes en Belgique qu'en Angleterre, et que, par conséquent, les articles que l'on importerait ne seraient pas de vente. La seule chose que l'on recommande c'est le sulfate de quinine, qui parfois est rare sur la place, et par conséquent très-cher.

On pourrait en importer 75 onces par navire.

Orge germée et torréfiée.

Vente courante. Les Anglais en importent d'assez fortes quantités à Sydney, Melbourme et Adélaïde. Le meilleur mode d'emballage à adopter, serait de placer le grain dans des tonneaux, que l'on pourrait vendre séparément.

Ici se termine la nomenclature des produits d'Europe qui sont importés en Australie et qui y font l'objet d'un commerce régulier. A l'exception du sel, qui, comme on sait, est pris à Liverpool et qui ne pourrait être importé de Belgique qu'à des conditions de fret semblables à celles fixées en Angleterre, il ne reste plus à analyser que les articles de détail et de fantaisie, qui, à la vérité, sont nombreux et importants à connaître; mais ils restent la propriété de l'industrie privée, et on comprend qu'il faudrait plusieurs années d'étude et de pratique pour arracher tous ces petits secrets commerciaux. Rien n'a été négligé, toutefois, pour éclairer, le plus possible, le commerce national, et on croit pouvoir ajouter à la nomenclature qui précède quelques articles qui pourraient être importés par navire, avec certitude d'un prompt et avantageux débit :

Une douzaine pierres à lithographier.

Quelques canapés, causeuses, commodes et secrétaires en acajou. (Bien achevés).

Un billard avec tous ses accessoires.

Deux pianos (valeur en Belgique 5 à 600 francs).

Un assortiment de lithographies et de gravures de bon goût.

Pour 4 à 500 francs de groupes et statuettes de fantaisie en plâtre et biscuit.

Une douzaine de bracelets assortis et de bon goût (en or seulement), du prix de 40 à 50 francs.

Un assortiment de patrons de dessins pour broderies en laine, et y joindre les laines à broder.

Les tabourets de pieds brodés sont aussi très-recherchés.

Quelques boîtes à ouvrages et objets de fantaisie de Spa.

Romans français. (OEuvres de Paul de Kock, etc).

Pour 6 à 700 francs de jouets d'enfants.

Deux douzaines lampes ou quinquets (genre vase Médicis ou autre). Avoir soin de joindre à l'envoi, le nombre nécessaire de mèches et de verres).

Trois ou quatre douzaines lampes d'écurie.

EXPORTATION.

Si l'Australie, comme on vient de le voir, peut offrir de nombreux débouchés au commerce national, elle lui offre peut-être plus de ressources encore sous le rapport de ses productions. En effet, la laine, le suif, le cuir, les huiles de baleine et de coco, le cuivre, etc., etc., qui sont les principaux articles d'exportation, sont précisément ceux pour lesquels la Belgique est tributaire de l'étranger. Un commerce d'échange actif, suivi et régulier ne saurait donc qu'être avantageux aux deux pays.

Aucun article d'exportation fourni par la Nouvelle-Galles du Sud ne paie un droit de sortie, n'importe sous quel pavillon il est exporté ; les seuls frais à supporter sont :

1° Commission d'achat, 2 ½ %.

2° Menus frais de transport au quai et embarquement, 3 schellings le tonneau.

3° Droits de quai :

Pour chaque balle de laine, 4 pence.
» baril de suif 6 »

Les autres articles se paient par colis, et les droits, à peu de chose près, sont établis dans la même proportion que ci-dessus.

Laines.

Cet article occupe à juste titre le premier rang parmi les productions australiennes, et c'est aussi celui qui intéresse le plus l'industrie nationale.

Naguère encore, l'Angleterre était tributaire, pour des sommes considérables, de la Moravie, de la Silésie, de la Saxe et de l'Espagne, pour les laines qui offraient le plus d'élasticité, de douceur, de moelleux, qui n'avaient besoin que de peu d'apprêt et qui, par conséquent, se façonnaient à moins de frais. Mais aujourd'hui que le sang le plus pur, que les races de métis les plus renommées ont été importés en Australie, et que l'expérience a démontré que le changement de climat n'altère en rien la qualité de leur laine, les Anglais trouvent à Sydney, Port-Philippe et Hobart-Town, en échange de leurs produits manufacturés, presque toutes les qualités de laine désirables, à des prix beaucoup plus avantageux.

Les exportations de Sydney, réunies à celles de Port-Philippe, ont toujours été et sont de plus en plus dans une sensible voie progressive.

En 1826 l'exportation atteignait 552,960 liv. (poids.)
1836 » » 5,943,154 » »

En 1846 l'exportation atteignait 16,479,520 liv. (poids).
1848 » » 22,969,711 » »

En 1849, bien que les relevés officiels étaient encore attendus, les documents existants en douane, accusaient une exportation de plus de 25,500,000 livres. Au 1er juin 1850, il était déjà sorti du port de Sydney, 12,431,925 livres de laines, ce qui, sur l'époque correspondante de 1849, donnait un mouvement ascendant de plus d'un million de livres. La plus grande partie de ces laines est lavée à dos. Celles tondues en suint ou arrachées des peaux, et lavées ensuite à la main, proviennent, soit des parages où l'eau a manqué pendant la saison, soit de moutons tués pour le suif ou en boucherie.

Les tontes ont lieu en octobre, novembre et décembre, et c'est pendant ce dernier mois, ainsi qu'en janvier et février, que se font les principales exportations. Pendant ces trois mois, Sydney et Port-Philippe sont encombrés de chariots chargés de laines, les unes pour être vendues publiquement, les autres pour être remises à des agents qui, la plupart du temps, afin de les avoir en consignation, ont déjà fait des avances aux squatters. Décembre, janvier et février sont aussi les meilleurs mois de l'année pour la vente de produits manufacturés et autres, car, en échange de leurs laines, les squatters achètent tout ce qui leur est nécessaire jusqu'au mois de juillet, époque où ils se rendent de nouveau à la ville pour se mettre en mesure et se procurer ciseaux, sacs d'emballages, provisions, etc., et prendre, en un mot, toutes les dispositions nécessaires pour faire, ce qu'on appelle ici, la nouvelle saison.

Quoique les laines de l'Australie soient maintenant connues et appréciées, elle s'améliorent d'année en année. D'ailleurs quelques qualités peuvent avoir échappées, jusqu'ici, à la sagacité des industriels nationaux. On a donc cru devoir se procurer des échantillons de toutes les espèces de laines qui s'exportent, et indiquer en même temps, les prix de vente au 1er juin 1850. Ces prix sont restés ceux de la dernière saison.

NUMÉROS DES ÉCHANTILLONS	ESPÈCES DE LAINES.	PRIX DE VENTE.
1	Laine tondue en suint et lavée ensuite à la main.	16 1/2 penc.
2	Idem, plus fine.	18 »
3	Toison supérieure lavée à dos.	16 »
4	Idem.	15 1/2 »
5	Première toison d'animaux de 16 à 18 mois tués en boucherie et lavée à la main après avoir été arrachée de la peau.	16 1/2 »
6	Toison tondue en suint et lavée à la main.	14 1/2 »
7	Toison à tisser, qualité moyenne.	13 1/2 »
8	Toison forte à carder, qualité ordinaire.	12 »
9	Toison à tisser, qualité ordinaire.	13 »
10	Toison légère à tisser (de Morreton-Bay).	13 1/2 »
11	Idem.	13 »
12	Toison à tisser de Morreton-Bay, très-supérieure.	15 1/2 »
13	Idem, qualité moyenne.	13 »
14	Idem, qualité ordinaire.	11 1/2 »
15	Laine arrachée des peaux d'animaux tués en boucherie et lavée ensuite à la main, qualité supérieure.	15 1/2 »
16	Toison en suint et lavée ensuite à la main.	14 1/2 »
17	Toison à tisser, lavée à dos, qualité moyenne.	13 1/2 »
18	Toison à tisser, qualité ord. mais forte.	11 »
19	Toison à tisser, légère mais bonne de Morreton-Bay.	14 1/2 »
20	Idem.	15 »

Suifs.

Les suifs de l'Australie sont blancs, fermes, durs et aussi estimés en Angleterre que les meilleurs suifs de Russie. Ils s'emballent en futailles de bois du pays de 700 à 900 livres, et valent à Sydney de 27 à 31 schellings le quintal (poids net). Le suif de mouton se paie ordinairement 1 $^1/_2$ schelling de plus, par quintal, que celui de bœuf.

Ce commerce, encore en enfance puisqu'il ne date que de 1843, a déjà acquis une grande importance et promet le plus beau résultat. Depuis deux ans surtout, il a pris un essor vraiment remarquable, et aujourd'hui il éveille de plus en plus la sollicitude des squatters. Beaucoup de bœufs et de moutons qui d'ordinaire étaient destinés aux boucheries, sont maintenant abattus pour faire du suif. Ces opérations ont principalement lieu dans les stations éloignées de moyens de communications, et d'où les squatters ne pourraient se défaire qu'à vils prix du surcroît de leurs troupeaux.

Le nombre de bestiaux tués pour faire du suif a été, en 1848, de

286,392 moutons.
38,642 bœufs.

On cite des squatters qui, cette année, ont fait abattre, à cet effet, jusqu'à 1,000 bœufs et 11,000 moutons.

La quantité moyenne de suif donnée par chaque mouton est de 18 à 20 livres. Les bœufs donnent de 160 à 170 livres.

La Nouvelle-Galles du Sud compte maintenant soixante-deux établissements en pleine activité pour faire bouillir des animaux. La belle et bonne viande qui reste après l'opération, et qui en Europe serait d'un si grand secours à tant de familles pauvres, est ici impitoyablement jetée sans qu'on en tire même parti comme engrais.

Les exportations ont suivi la progression suivante :

1843,	5,680 quintaux;	valeur,	9,639 liv. sterl.
1844,	56,609 »	»	83,511 »
1845,	71,995 »	»	102,746 »
1846,	20,357 »	»	28,107 »
1847,	69,690 »	»	108,186 »
1848,	98,213 »	»	140,579 »

En 1849, bien que les relevés officiels étaient encore attendus, les documents de la douane constataient un accroissement de 40 à 50,000 quintaux; et cette année, des personnes à même d'être bien informées assurent que l'exportation atteindra de 280 à 300 mille quintaux.

L'année 1846 doit être considérée comme une exception, vu son extrême sécheresse, qui a été vraiment ruineuse pour le pays.

Huile de cachalot et de baleine.

Contrairement aux autres productions australiennes, l'exportation des huiles va en diminuant. Les cachalots et les baleines, poursuivis maintenant de tous côtés, deviennent de jour en jour plus rares; aussi croit-on généralement que l'industrie de la pêche, déjà très-chanceuse pour les Européens, ne tardera pas à être abandonnée entièrement aux divers établissements de pêche qui existent déjà dans beaucoup de ports de la mer du Sud. A Sydney, plusieurs négociants pensent que le rappel de la loi sur la navigation, en vigueur seulement depuis le 1er janvier de cette année, et qui autorise les Anglais à considérer comme nationalisés les navires étrangers achetés par eux, aura pour effet d'augmenter le nombre de navires de pêche de la place et par conséquent d'augmenter la production d'huile. Déjà deux baleiniers américains ont été achetés cette année pour faire partie des navires de pêche de la colonie.

Les huiles de baleine et de cachalot s'importent en futailles de diverses grandeurs.

Les prix de vente sont :

Huile de cachalot : 58 à 63 livres sterlings le tonneau de 252 gallons.

Huile de baleine : 16 à 22 livres sterlings.

Fanons de baleine.

Les prix en sont extrêmement variables et toujours subordonnés aux nouvelles d'Angleterre. Depuis un an, on a payé les fanons de baleine de 110 à 135 livres sterlings le tonneau.

La valeur exportée en huiles de cachalot, de baleine, fanons, etc., a été, pendant les dix dernières années de :

1839,	172,315	livres sterlings.
1840,	224,144	»
1841,	127,470	»
1842,	77,012	»
1843,	72,989	»
1844,	57,493	»
1845,	96,804	»
1846,	70,126	»
1847,	80,528	»
1848,	68,969	»

Huile de coco.

Cet article étant importé des îles de l'*Océanie* ne forme à Sydney qu'un objet de commerce indirect. La quantité dirigée de ce port sur l'Angleterre peut être évaluée à 100 tonneaux par an.

Les prix de vente sont de 22 à 26 livres le tonneau de 252 gallons.

On doit faire une observation à l'égard de cet article, c'est qu'en Europe il se vend au tonneau de 20 quintaux.

Peaux de bœuf et de vache.

Vu l'augmentation du nombre d'animaux abattus pour faire du suif, l'exportation des peaux salées et séchées est en voie progressive. Les prix de vente sont de 3 à 5 schellings, suivant qualité, aussi bien pour les peaux salées de grande dimension pesant 56 à 60 livres que pour les peaux sèches de 35 à 40 livres.

Les peaux s'exportent en bottes de différentes grosseurs.

Cuirs de bœuf et de vache tannés.

La Nouvelle-Galles du Sud possède tous les éléments nécessaires pour le développement rapide de cette industrie. Les peaux, ainsi que les écorces de mimosa qui accélèrent le tannage, se trouvent en quantité dans la colonie. On peut donc prédire à cette industrie le plus bel avenir. Les colons semblent l'avoir compris, car aujourd'hui 40 tanneries sont en pleine activité, et leurs produits sont recherchés, attendu qu'aucun procédé chimique ou mécanique n'est employé pour accélérer le tannage qui se fait régulièrement à 8 mois.

Les cuirs tannés valent à Sydney 40 à 45 livres sterlings le tonneau.

Cornes, os.

La valeur exportée annuellement est d'environ 2,000 livres sterlings. Ces articles sont toujours achetés par les capitaines de navire pour arrimer les laines.

Les prix de vente sont :

Cornes de belle grandeur 7 à 8 schellings le 100.

Os, 20 à 40 schellings le tonneau.

Chevilles en bois dur du pays.

Sont très-recherchées à Londres par les constructeurs de navires, et sont également achetées par les capitaines pour l'arrimage des laines. Elles valent de 40 à 50 schellings le 1,000.

La moyenne de l'exportation est d'environ 100,000 chevilles par an. (Voir l'échantillon.)

Nacre de perle et écailles de tortue.

Ces articles sont importés des îles de l'*Océanie* et ne font pas l'objet d'un commerce régulier sur la place de Sydney.

En 1849, on a exporté en Angleterre 152 tonneaux de nacre qui avait été achetée de 12 à 16 livres le tonneau.

Quant aux écailles de tortue, les qualités sont si variables qu'il a été impossible d'obtenir avec sécurité des renseignements sur leurs prix et sur les quantités qui s'exportent.

Cuivre.

Les richesses et le succès des mines de Burra-Burra, situées dans l'Australie sud, à 90 milles de Port-Adélaïde, ont fait naître la pensée de faire explorer par un géologue, les montagnes de Canabola, entre les districts de Carcoar et Molong, à 170 milles de Sydney, où déjà quelques indices de gisements avaient été observés. Les recherches constatèrent bientôt que des quantités considérables de cuivre oxydé rouge, oxydé noir, carbonaté, malachite et bleu de montagne, d'une qualité supérieure et rendant en moyenne 19 %, pouvaient être extraites avec facilité. En 1848, une société se forma pour l'exploitation de ce cuivre, mais jusqu'à présent, les frais de premier établissement, les difficultés de transport, le frayement d'une route, ont empêché d'en livrer plus de 300 tonneaux à l'exportation.

Aujourd'hui les plus grandes difficultés sont vaincues, et la production augmentera nécessairement d'une manière sensible. Déjà la société a fait construire des forges pour fondre le métal et l'épurer. On pense donc que ce commerce ne tardera pas à se développer sur une grande échelle, surtout avec les Indes et la Chine où les besoins sont fort considérables.

Des échantillons de toutes les espèces de cuivre dont il

vient d'être parlé, accompagnent le présent et permettront aux intéressés d'apprécier la nature et la valeur de ces produits, qui, le cas échéant, serviraient si avantageusement de lest aux navires qui viendraient prendre un chargement à Sydney.

Le prix de vente du cuivre brut est de 10 à 12 livres sterlings le tonneau de 21 quintaux.

On a trouvé, ces jours derniers, à la surface de la terre, un bloc de cuivre presque pur, d'une qualité vraiment remarquable, et qui pesait 3 quintaux. Le berger qui a fait cette trouvaille en a malheureusement fait deux morceaux. Un de ces morceaux sera envoyé à Londres à l'exposition de l'année prochaine.

Écorces de mimosa.

Elles ont fait, jusqu'ici, l'objet d'un assez grand commerce avec l'Angleterre; mais l'essor remarquable qu'a pris, depuis peu, la tannerie dans ce pays, fait que les écorces sont maintenant utilisées par les tanneurs de la colonie. Il y a quelques années, l'exportation atteignait encore 3,000 tonneaux; aujourd'hui il ne s'en exporte guère plus de 50.

Le prix des écorces de mimosa est de 60 schellings le tonneau.

La nomenclature des produits du pays qui font l'objet d'un commerce avec l'Europe est terminée. Cependant la colonie fournit encore deux espèces de bois très-recherchées en Angleterre pour la fabrication des meubles de luxe; ce sont : les bois de cyprès *Pine* et de *Tulip* qu'on trouve dans le nord de la Nouvelle-Galles du Sud. Ces articles ne forment, toutefois, qu'un objet de commerce fort irrégulier et l'on n'a pu se procurer avec sécurité des renseignements sur leur prix de vente, ni joindre des échantillons au présent, attendu qu'il ne s'en trouvait pas sur la place.

Les détails qui vont suivre, s'ils ne sont pas de nature à intéresser directement le commerce national, lui permettront du moins de se faire une juste idée de la situation de la colonie, de son importance et de ses ressources.

Houille.

Les mines sont inépuisables, des mieux situées et d'une exploitation facile. Un chemin de fer à double voie, construit en pente douce, permet aux waggons chargés d'arriver sans chevaux et sans remorqueur, jusque dans le port de New-Castle, tout en faisant remonter, jusqu'au lieu d'extraction, un train de waggons vides.

Le port de New-Castle est accessible aux navires de 350 tonneaux; il est situé à environ 60 milles de Sydney.

La houille de la Nouvelle-Galles du Sud est expédiée par chargements entiers, en Californie, dans les différents groupes de l'*Océanie* et même aux Indes.

Le prix moyen, à New-Castle, est de 6 à 6 ½ schellings le tonneau.

Viandes salées et conservées.

Les salaisons font l'objet d'un trafic important, non-seulement à cause du grand nombre de navires qui visitent le port de Sydney, et qui y font des provisions, mais aussi par l'exportation qui s'en fait en Californie, aux Indes, à la Nouvelle-Zélande, à Tahïti et aux îles Sandwich. La colonie compte cinq grands établissements de salaisons en en pleine activité.

La viande de bœuf, première qualité, vaut à Sydney de 15 à 21 schellings le quintal, celle de porc vaut de 30 à 35 schellings.

Les conserves alimentaires, en boîtes de fer blanc de 2 à 6 livres, se paient 4 pence la livre.

Sucre raffiné.

Autrefois, le sucre brut s'importait en grande partie de l'île Maurice ; aujourd'hui c'est Manille qui fournit exclusivement le marché. Il y a à Sydney deux raffineries, dont une fournit au commerce plus de 40 tonneaux de sucre raffiné par semaine. Aussi l'importation de l'Angleterre, qui naguère encore était considérable, a cessé complétement.

Aujourd'hui c'est au contraire Sydney qui, à son tour, en exporte de grandes quantités dans les îles de l'*Océanie* et principalement en Californie.

Les prix varient de 39 à 42 livres sterlings le tonneau.

Étoffes de laine (tweed).

La colonie ne tardera pas à devenir elle-même manufacturière; il ne lui marque pour cela que de bons ouvriers. Néanmoins des tissus de laine coloniale, teints dans le pays, sont déjà fabriqués sur une assez grande échelle, et l'on cite des établissements qui affectent à cette fabrication jusqu'à 30 ballots de laine par semaine. Ces étoffes, quoique laissant encore à désirer sous le rapport de la fabrication, de la teinture et de l'apparence, n'en sont pas moins d'une solidité vraiment remarquable. Aussi en fait-on de jour en jour un usage plus général, non-seulement dans la colonie, mais encore dans les différents groupes de l'*Océanie*, où l'exportation a déjà acquis une certaine importance.

Le nombre de yards fabriqués en 1847 a été de 156,604
En 1848, 164,749
En 1849, d'environ 200,000

On a réuni, sur les deux cartes d'échantillons n° 107 et 108, toutes les espèces d'étoffes de laine qui se fabriquent dans la colonie. Elles ont 27 à 28 pouces de largeur et coûtent à Sydney 3 à 3 schellings 2 pence le yard.

Bois.

On exporte de fortes quantités de bois de cèdre et de bois dur (eucalyptus) à San-Francisco et dans quelques îles de l'*Océanie*. Le premier est devenu d'un usage général pour la fabrication des meubles et le second est un bois de construction très-recherché.

Le bois de cèdre vaut à Sydney 14 schellings les 100 pieds carrés.

Le bois dur (eucalyptus) 9 schellings les 100 pieds carrés.

Savons.

Il y a quelques années tous les savons étaient importés de Londres et de Liverpool.

Aujourd'hui treize fabriques suffisent, non-seulement à la consommation intérieure, mais en exportent une grande quantité dans les îles voisines, principalement à Tahïti et San-Francisco.

Le savon fabriqué dans la colonie est d'un jaune qui imite parfaitement celui fort renommé de Hauwes de Londres. Le prix en est de 24 livres sterlings le tonneau.

PRIX DU FRET POUR L'EUROPE.

Le fret jusqu'à Londres pour les produits coloniaux est ordinairement de :

Pour les laines, 1 à 1 1/4 penny par livre.

Pour le suif, 50 à 120 schellings le tonneau.

Huile de baleine, de cachalot et de coco. } 80 à 120 schellings le tonneau de 252 gallons.

Fanons de baleine, 6 à 8 livres le tonneau.

Peaux de bœuf et de vache, salés, 35 à 50 schellings le tonneau.

Cuirs tannés, 70 à 110 schellings le tonneau.

Nacre de perle, 50 à 60 schellings le tonneau de 20 quintaux.

Cuivre, 10 à 15 schellings le tonneau de 21 quintaux.

Écorces de mimosa, 60 à 80 schellings le tonneau.

On paie en outre 5 % de prime sur le montant du fret.

Chaque balle de laine supporte, en outre, une taxe de 4 1/2 schellings pour pressage, ficelage et arrimage.

NOUVELLE-GALLES DU SUD.

ÉTAT

DONNANT LE DÉTAIL DE L'IMPORTATION

A SYDNEY PENDANT 1848.

DÉSIGNATION DES ARTICLES.	QUANTITÉS.	LIEUX DE PRODUCTION.			LIEUX DE PRODUCTION.				TOTAL.	Observations.
		GRANDE BRETAGNE.	COLONIES ANGLAISES.		ILES DE LA MER DU SUD.	PÊCHERIES.	ÉTATS UNIS D'AMÉRIQUE.	AUTRES PAYS ÉTRANGERS.		
			NOUVELLE ZÉLANDE.	AUTRES.						
Instruments d'agriculture.	3 colis.	14	»	»	»	»	»	»	14	Les chiffres désignés représentent des livres sterlings.
Soude.	3,325 quintaux.	2,188	»	»	»	»	»	»	2,188	
Habillements confectionnés.	1,507 balles.	55,510	38	274	»	»	»	»	55,822	
Fusils et pistolets.	9 caisses.	107	»	»	»	»	»	»	107	
Poudre.	34,466 livres.	1,295	»	20	»	»	»	»	1,315	
Plomb de chasse.	964 quintaux.	1,009	»	»	»	»	»	»	1,009	
Capsules.	3 caisses.	60	»	»	»	»	»	»	60	
Arrowroot et sagou.	514 quintaux.	30	20	150	185	»	»	37	422	
Sacs vides.	376 balles.	4,205	»	27	»	»	»	455	4,687	
Écorces.	106 tonneaux.	»	21	119	»	»	»	»	140	
Beche le mer.	86 quintaux.	»	»	»	200	»	»	»	200	
Soufflets de maréchal.	17 paires.	67	»	»	»	»	»	»	67	
Bière.	475,433 gallons.	54,804	»	143	»	»	4	»	54,951	
Cirage.	331 caisses.	892	»	»	»	»	»	»	892	
Couvertures et courtes pointes.	150 balles.	5,661	»	»	»	»	»	»	5,661	
Son.	6,520 boisseaux.	»	»	164	»	»	»	»	164	
Briques blanches.	10 muids.	36	»	»	»	»	»	»	36	
Brosserie.	141 colis.	2,312	»	7	»	»	8	»	2,327	
Beurre et fromage.	58 quintaux.	96	6	12	»	»	10	»	124	
Chandelles.	247 caisses.	327	4	40	»	»	50	»	421	
Mèches.	23 ballots.	210	»	»	»	»	»	»	219	
Toile à voiles.	466 »	7,867	10	88	»	»	»	»	7,965	
Tapis.	118 »	2,648	»	100	»	»	»	»	2,748	
Chariots et matériel de id.	67 colis.	1,652	»	»	»	»	»	»	1,652	
Ciment.	480 barils.	505	»	»	»	»	»	»	505	
Cacao.	37,000 noix.	»	»	»	45	»	»	»	45	
Café et chocolat.	1,250 quintaux.	1,158	»	476	»	»	»	2208	3,842	
Couleurs.	4,001 barils.	4,883	14	59	»	»	»	»	4,956	
Confitures.	184 caisses.	109	»	131	»	»	»	26	266	
Cuivre raffiné.	2,341 quintaux.	10,058	48	300	21	69	80	»	10,576	
Cuivre brut.	1,522 tonneaux.	»	660	15,522	»	»	»	»	16,182	

DÉSIGNATION DES ARTICLES.	QUANTITÉS.	LIEUX DE PRODUCTION: GRANDE BRETAGNE.	COLONIES ANGLAISES: NOUVELLE ZELANDE.	COLONIES ANGLAISES: AUTRES.	LIEUX DE PRODUCTION: ILES DE LA MER DU SUD.	PÊCHERIES.	ÉTATS UNIS D'AMÉRIQUE.	AUTRES PAYS ÉTRANGERS.	TOTAL.	Observations.
Cordages et cordes	2,835 quintaux.	3,674	423	351	»	»	»	817	5,265	Les chiffres désignés représentant des livres sterlings.
Bouchons et tampons	271 ballots.	1,305	»	»	»	»	»	»	1,305	
Cotons	1,696 »	64,919	40	1,208	»	»	»	»	66,167	
Droguerie	1,569 caisses	9,594	»	50	»	»	»	»	9,644	
Bois de teinture	100 peculs	»	»	»	»	»	»	30	30	
Porcelaine et faïence	1,090 paniers.	10,284	15	132	»	»	»	18	10,449	
Fusées	3 caisses.	70	»	»	»	»	»	»	70	
Poisson salé	835 barils.	1,632	20	2	»	»	»	»	1,654	
Lin et chanvre	375 quintaux.	»	158	»	»	»	»	»	158	
Farine et biscuit	11,460 »	70	28	3,945	»	»	»	»	4,043	
Fruits. secs	3,961 »	4,669	42	551	10	»	»	62	5,334	
Fruits. verts	971 colis.	»	»	355	15	»	»	1	371	
Meubles	928 »	3,258	»	141	»	»	»	»	3,399	
Fourrures	4 caisses.	268	»	»	»	»	»	»	268	
Verrerie	3,685 colis.	8,502	50	5	»	»	»	»	8,557	
Miroirs	20 »	424	»	»	»	»	»	»	424	
Colle	36 caisses.	202	»	»	»	»	»	»	202	
Grains. froment	115,691 boisseaux.	»	126	14,465	»	»	»	»	14,591	
Grains. orge	24,991 »	»	346	2,639	»	»	»	»	2,985	
Grains. avoine	8,063 »	»	»	680	»	»	»	»	680	
Grains. riz	680,960 livres.	»	»	1,198	»	»	»	441	1,639	
Formes et embouchoirs	86 caisses.	1,566	»	»	»	»	»	»	1,566	
Meules	55 pièces.	11	»	»	»	»	»	»	11	
Gomme	5 quintaux.	»	»	3	»	»	»	»	3	
Mercerie	1,527 caisses.	73,597	»	1,153	»	»	»	»	74,750	
Quincaillerie	7,800 colis.	65,029	34	205	20	»	»	22	65,311	
Chapeaux et casquettes	365 caisses.	6,730	40	49	»	»	42	702	7,563	
Garnitures de id.	18 »	562	»	»	»	»	»	»	562	
Foin et paille	697 tonneaux.	»	»	1,727	»	»	»	»	1,727	
Houblon	925 balles.	3,703	10	196	»	»	164	»	4,073	
Crin	56 caisses.	1,248	»	»	»	»	»	»	1,248	

DÉSIGNATION DES ARTICLES.	QUANTITÉS.	LIEUX DE PRODUCTION. DE LA GRANDE BRETAGNE.	COLONIES ANGLAISES. NOUVELLE-ZÉLANDE.	COLONIES ANGLAISES. AUTRES.	LIEUX DE PRODUCTION. ILES DE LA MER DU SUD.	PÊCHERIES.	ÉTATS UNIS D'AMÉRIQUE.	D'AUTRES PAYS ÉTRANGERS.	TOTAL.	Observations.
Ganterie.	262 caisses.	11,825	»	165	»	»	»	»	11,994	Les chiffres indiqués représentent des livres sterlings.
Instruments de musique.	101 »	3,708	30	46	»	»	»	»	3,784	
Instruments de science.	14 »	441	»	»	»	»	»	6	447	
Instruments de chirurgie.	2 »	120	»	»	»	»	»	»	120	
Fer et acier.	2,451 tonneaux.	22,533	»	22	»	»	»	»	22,555	
Bijouterie.	32 caisses.	2,529	»	»	»	»	»	»	2,529	
Fantaisies.	30 »	»	»	62	»	»	»	68	130	
Plomb.	165 tonneaux.	3,022	»	»	»	»	»	»	3,022	
Plomb (mine de).	134 »	»	»	1,115	»	»	»	»	1,115	
Cuirs tannés.	32 caisses.	1,230	30	»	»	»	»	»	1,260	
Bottes et souliers.	624 colis.	13,529	50	32	»	»	»	10	13,621	
Jus de citron.	2,300 gallons.	»	»	»	184	»	»	13	197	
Toiles de lin.	1,567 caisses.	50,272	»	1.049	»	»	»	»	51,321	
Chevaux.	5	160	»	»	»	»	»	»	160	
Moutons.	11	80	»	»	»	»	»	»	80	
Allumettes chimiques.	99 caisses.	975	»	»	»	»	»	»	975	
Machines.	90 colis.	1,484	100	5	»	»	»	»	1,589	
Drèche.	3,511 caisses.	2,245	9	256	»	»	»	»	2,510	
Marbre.	11 »	105	»	»	»	»	»	»	105	
Nattes.	1,027 colis.	82	»	89	»	»	»	262	433	
Modes.	93 caisses.	3,833	10	»	»	»	»	»	3,843	
Meules à moudre le grain.	11 »	100	»	»	»	»	»	»	100	
Mélasse.	1,152 quintaux.	53	»	60	108	»	»	100	321	
Clous de fer.	2,253 barils.	3,188	»	35	»	»	»	»	3,223	
Clous de cuivre.	652 »	1,821	»	»	»	»	»	»	1,821	
Étoupe.	150 quintaux.	150	»	40	»	»	»	»	190	
Avirons et rames.	1,250 pièces.	»	»	50	»	»	100	»	150	
Farine d'orge et d'avoine.	59 barils.	90	»	»	»	»	»	»	90	
Huile de cachalot.	1,273 tonneaux.	»	693	»	»	66,310	»	»	67,003	
Huile de baleine.	389 »	»	2742	»	»	6,438	»	»	9,180	
Huile de lin.	4,941 gallons.	778	»	»	»	»	»	18	796	

DÉSIGNATION DES ARTICLES.	QUANTITÉS.	LIEUX DE PRODUCTION.			LIEUX DE PRODUCTION.				TOTAL.	Observations.
		GRANDE BRETAGNE.	COLONIES ANGLAISES.		ILES DE LA MER DU SUD.	PÊCHERIES.	ÉTATS UNIS D'AMÉRIQUE.	AUTRES PAYS ÉTRANGERS.		
			NOUVELLE ZÉLANDE.	AUTRES.						
Huile d'olive	2,772 gallons.	510	»	»	»	»	»	»	510	Les chiffres désignés représentant des livres sterlings.
Huile de palme	18 quintaux.	20	»	»	»	»	»	»	20	
Huile de coco	848 »	»	344	»	845	»	»	»	1,189	
Toile cirée	20 caisses.	257	»	25	»	»	»	»	282	
Tilman's stores	9,644 colis.	28,927	15	499	74	»	18	26	29,559	
Ognons	750 quintaux.	»	33	171	»	»	»	»	204	
Pois secs	88 barils.	212	»	94	»	»	»	»	306	
Poivres et épices	707 quintaux.	256	»	256	»	»	»	»	512	
Parfumerie	100 caisses.	1,291	»	»	»	»	»	6	1,297	
Pipes	2,408 »	2.454	»	»	»	»	»	»	2,454	
Tableaux et gravures	41 »	1,256	»	5	»	»	»	»	1,261	
Poix, goudron, résine	1,957 barils.	878	»	225	»	»	175	»	1,278	
Plants et semences	329 colis.	125	»	23	»	»	»	»	148	
Argenterie	28 caisses.	1,284	»	»	»	»	»	»	1,284	
Pommes de terre	840 tonneaux.	»	104	1,535	»	»	»	»	1,639	
Provisions préservées	361 barils.	505	97	40	»	»	»	»	642	
Provisions salées	878 colis.	1,788	20	»	»	»	210	»	2,018	
Cannes et rotins	11,179 bottes.	»	»	10	»	»	»	180	190	
Sellerie et harnacherie	197 colis.	6,368	»	11	»	»	»	»	6,379	
Sel	3,715 tonneaux.	9,403	»	110	»	»	»	»	9,513	
Accessoires pour les navires	68 colis.	666	»	»	»	»	»	»	666	
Douves	13,404 bottes.	133	103	134	»	»	64	»	434	
Soiries	131 caisses.	12,348	»	380	»	»	»	»	12,728	
Peaux de kangaroo	112 colis.	»	»	2,475	»	»	»	»	2,475	
Peaux de mouton	49 »	»	63	21	»	»	»	»	84	
Ardoises	41,000	170	»	»	»	»	»	»	170	
Savon	21 quintaux.	60	»	»	»	»	»	»	60	
Eau-de-vie	118,819 gallons.	28,316	208	1,169	»	»	»	»	29,693	
Rhum	223,706 »	26,406	60	9,637	»	»	»	1,800	37,903	
Genièvre	42,669 »	8,954	37	150	»	»	»	»	9,141	
Wiskey	9,480 »	2,425	»	»	»	»	»	»	2,428	

DÉSIGNATION DES ARTICLES.	QUANTITÉS.	LIEUX DE PRODUCTION			LIEUX DE PRODUCTION.				TOTAL.	Observations.
		GRANDE BRETAGNE.	COLONIES ANGLAISES.		ILES DE LA MER DU SUD.	PÊCHERIES.	ÉTATS UNIS D'AMÉRIQUE.	AUTRES PAYS ÉTRANGERS.		
			NOUVELLE ZÉLANDE.	AUTRES.						
Liqueurs	1,212 gallons.	403	»	»	»	»	»	»	403	Les chiffres désignés représentent des livres sterlings.
Amidon	429 caisses.	1,176	»	»	»	»	»	»	1,176	
Librairie	1,891 »	33,156	»	34	»	»	»	10	33,200	
Sucre. raffiné	903 quintaux.	1,099	»	89	»	»	»	»	1,188	
Sucre. brut	9,988 tonneaux.	»	»	27,919	148	»	»	71,353	99,420	
Thé	2,108,910 livres.	425	56	38,549	12	»	»	26,142	65,184	
Bois. de sapin (brut)	3,682	425	»	»	»	»	»	»	425	
Bois. en barres	131,890 pieds.	»	303	»	»	»	»	»	303	
Bois. en planches	126,340 »	»	107	95	»	»	35	»	237	
Bois. de sandal	50 tonneaux.	»	»	»	500	»	»	»	500	
Bois. de toutes autres espèces	250 charges.	»	300	»	»	»	»	»	300	
Ferblanc et ferblanterie	1,296 caisses.	2,456	»	»	»	»	»	»	2,456	
Tabacs et cigares	572,406 livres.	10,968	619	5,884	7	»	800	6,851	25,129	
Écailles de tortue	92 »	»	»	»	20	30	»	»	50	
Jouets d'enfants	243 caisses.	3,315	»	25	»	»	»	»	3,340	
Vernis	2,406 gallons.	371	»	50	2	»	34	»	457	
Fil et ficelle	98 colis.	1,542	»	35	»	»	»	»	1,577	
Parapluies et ombrelles	23 caisses.	1,203	»	»	»	»	»	»	1,203	
Vinaigre	21,946 gallons.	1,368	»	63	»	»	25	»	1,456	
Montres et pendules	81 caisses.	415	»	»	»	»	101	10	526	
Fanons de baleine	306 quintaux.	»	404	»	200	868	»	»	1,472	
Vin	302,741 gallons.	37,918	105	391	46	»	»	3,065	41,525	
Ouvrages en bois	874 caisses.	162	»	10	»	»	140	»	312	
Laine	12,440 livres.	»	192	»	»	»	»	»	192	
Étoffes de laine	1,508 ballots.	57,365	»	50	»	»	»	»	57,415	
Sacs d'emballage pour laine	471 balles.	8,350	»	»	»	»	»	»	8,350	
Zinc	910 quintaux.	228	»	110	»	»	»	»	338	
	TOTAUX.	840,743	8,982	139,988	2,642	73,715	2,065	114,739	1,182,874	
A ajouter l'importation du district de Port-Philippe.		243,311	566	114,251	»	»	»	15,548	373,876	
Total de l'importation dans la Nouvelle-Galles du Sud pendant 1848.		1,084,054	9,548	254,239	2,642	73,715	2,065	130,287	1,556,550	

NOUVELLE-GALLES DU SUD.

ÉTAT

DONNANT LE DÉTAIL DE L'EXPORTATION

DU DISTRICT DE SYDNEY PENDANT 1848.

DÉSIGNATION DES ARTICLES.	QUANTITÉS.	LIEUX DE DESTINATION.							TOTAL.	Observations.
		GRANDE BRETAGNE.	COLONIES ANGLAISES.		ILES DE LA MER DU SUD.	PÊCHERIES.	ÉTATS UNIS D'AMÉRIQUE.	AUTRES PAYS ÉTRANGERS.		
			NOUVELLE ZÉLANDE.	AUTRES.						
Ambre gris.	70 livres.	50	20	»	»	»	»	»	70	Les chiffres désignés représentent des livres sterlings.
Habillements.	9 colis.	10	52	»	»	»	»	»	62	
Sacs vides.	1 balle.	»	10	»	»	»	»	»	10	
Écorces.	20 tonneaux.	»	»	20	»	»	»	»	20	
Paniers.	32 colis.	»	17	»	»	»	»	»	17	
Bière.	7,450 gallons.	»	227	435	»	»	»	»	662	
Cirage.	7 caisses.	»	42	2	»	»	»	»	44	
Os.	33 tonneaux.	»	3	73	»	»	»	»	76	
Son.	960 boisseaux.	»	»	23	»	»	»	»	23	
Briques.	35,000	»	45	11	6	»	»	»	62	
Beurre et fromage.	81 tonneaux.	»	1,277	1,559	»	»	»	»	2,836	
Chandelles de suif.	62,804 livres.	»	1,023	86	8	»	»	»	1,117	
Bougies.	29 caisses.	»	61	»	»	»	»	»	61	
Charettes et chariots.	244	»	885	1,125	»	»	»	»	2,010	
Charbon.	6,266 tonneaux.	»	580	2,198	61	»	»	141	2,980	
Confitures.	458 colis.	»	453	107	»	»	»	»	560	
Cordages.	2 »	»	»	11	»	»	»	»	11	
Faïence.	12 muids.	»	47	5	»	»	»	»	52	
Farine.	219 tonneaux.	»	2,056	135	60	»	»	270	2,521	
Fruits.	1,021 colis.	»	312	783	»	»	»	»	1,095	
Meubles.	136	»	317	340	»	»	»	»	657	
Froment.	154 bushels.	»	»	6	»	»	»	36	42	
Maïs.	27,068 »	25	589	2,412	2	»	»	35	3,063	
Orge.	329 »	»	76	»	»	»	»	»	76	
Avoine.	971 »	»	160	»	»	»	»	»	160	
Coutellerie.	50 colis.	»	108	106	6	»	»	»	220	
Chapeaux et casquettes.	33 caisses.	»	»	518	»	»	»	»	518	
Foin.	28 tonneaux.	»	5	74	6	»	»	»	85	
Miel.	17 quintaux.	4	14	25	»	»	»	»	43	
Sabots, cornes et os.	351,600	1,595	»	»	»	»	»	»	1,595	
Graisse de porc.	6 quintaux.	»	»	20	»	»	»	»	20	

DÉSIGNATION DES ARTICLES.	QUANTITÉS.	LIEUX DE DESTINATION.							TOTAL.	Observations.
		GRANDE BRETAGNE.	COLONIES ANGLAISES.		ILES DE LA MER DU SUD.	PÊCHERIES.	ÉTATS UNIS D'AMÉRIQUE.	D'AUTRES PAYS ÉTRANGERS.		
			NOUVELLE ZÉLANDE.	AUTRES.						
Cuirs tannés	108 tonneaux.	3,059	1,500	1,172	5	»	»	50	5,792	Les chiffres indiqués représentent des livres sterlings.
Bottes et souliers	22 colis.	»	183	170	15	»	»	»	368	
Chevaux	1,184	»	8,089	6,138	40	»	»	50	14,317	
Bêtes à cornes	10,208	»	15,996	411	50	»	»	»	16,457	
Brebis	25,311	»	8,616	103	18	»	»	»	8,737	
Allumettes chimiques	27 caisses.	»	113	12	»	»	»	»	125	
Machines	11 colis.	»	22	122	»	»	»	»	144	
Mélasse	19 tonneaux.	»	80	141	38	»	»	»	259	
Farine et d'avoine	23 [illegible] »	»	147	112	»	»	»	»	259	
Huile de cachalot	1,186 tonneaux.	64,230	»	»	»	»	»	»	64,230	
Huile de baleine	196 »	3,030	147	»	»	»	»	»	3,177	
Pipes	22 caisses.	»	25	»	»	»	»	»	25	
Plantes et semences	25 colis.	16	22	33	»	»	»	15	86	
Pommes de terre	1 t. 3 quint.	»	»	10	1	»	»	»	11	
Conserves alimentaires	90 colis.	645	67	61	20	»	»	»	793	
Viande salées — Bœuf	2,232 tierces.	585	1,859	4,710	205	»	»	300	7,659	
Viande salées — Porc	76 barils.	»	»	235	»	»	»	»	235	
Viande salées — Langues	84 »	36	94	89	»	»	»	»	219	
Viande salées — Jambons	145 quintaux.	»	125	4	»	»	»	25	154	
Sellerie et harnacherie	56 colis.	»	264	169	»	»	»	»	433	
Peaux de bœuf	1,208 tonneaux.	13,418	»	4,080	»	»	»	»	17,498	
Peaux de veau marin	4 caisses.	162	»	15	»	»	»	»	177	
Peaux de cochons	1 »	10	»	»	»	»	»	»	10	
Savon	121 tonneaux.	»	1,584	1,037	95	»	»	»	2,716	
Objet d'histoire naturelle	62 colis.	261	»	»	»	»	»	»	261	
Esprits	988 gallons.	»	146	»	»	»	»	»	146	
Pierres à aiguiser	217 tonneaux.	»	66	170	»	»	»	»	236	
Meules à aiguiser	2 caisses.	»	25	»	»	»	»	»	25	
Sucre raffiné	75 tonneaux.	400	1,043	859	»	»	»	»	2,302	
Suif	3,565 »	102,561	50	»	»	»	»	»	102,611	
Bois de cèdre	863,307 pieds.	294	195	4,578	8	»	»	58	5,133	

DÉSIGNATION DES ARTICLES.	QUANTITÉS.	LIEUX DE DESTINATION			LIEUX DE DESTINATION.				TOTAL.	Observations.
		GRANDE BRETAGNE.	COLONIES ANGLAISES.		ILES DE LA MER DU SUD.	PÊCHERIES.	ÉTATS UNIS D'AMÉRIQUE.	AUTRES PAYS ÉTRANGERS.		
			NOUVELLE ZÉLANDE.	AUTRES.						
Bois de pins	150 pieds.	»	»	5	»	»	»	»	5	Les chiffres désignés représentent des livres sterlings.
Bois dur	16,000 »	»	99	138	»	»	»	»	237	
Chevilles	75,201	216	»	»	»	»	»	»	216	
Ferblanterie	11 colis.	»	80	»	»	»	»	»	80	
Tabacs	4,290 livres.	»	»	68	»	»	»	»	68	
Écailles de tortue	800	150	»	»	»	»	»	»	150	
Ouvrages en bois tourné	55 colis.	»	»	289	»	»	»	»	289	
Fanons de baleine	11 tonneaux.	1,385	»	»	»	»	»	»	1,385	
Vins	3,680 gallons.	»	150	509	»	»	»	»	659	
Bois fabriqués	19 colis.	»	47	»	»	»	»	»	47	
Laines	12,445,048 livres.	683,623	»	»	»	»	»	»	683,623	
Étoffes de laine	59 colis.	15	195	1,258	»	»	»	»	1,468	
Totaux des produits du district de Sydney exportés en 1848		875,780	49,414	36,772	644	»	»	980	963,590	
COMMERCE DE TRANSIT.										
Productions britaniques		3,848	81,255	26,590	2,553	»	»	412	114,158	
Productions des colonies anglaises		14,825	1,860	113	2,552	»	»	703	20,054	
Productions des pays étrangers		79,16	31,409	14,735	1,194	»	»	1,953	57,207	
Total de l'importation du district de Sydney en 1848		901,869	163,938	78,212	6,944	»	»	4,048	1,155,009	
A ajouter le district de Port-Philippe		581,355	2,317	91,422	»	»	»	265	675,359	
Total général de l'importation de la Nouvelle-Galles du Sud en 1848		1,483,224	166,255	169,634	6,944	»	»	4,313	1,830,368	

NOUVELLE-GALLES DU SUD.

ÉTAT

DONNANT LE DÉTAIL DE L'IMPORTATION

A PORT-PHILIPPE PENDANT 1848.

DÉSIGNATION DES ARTICLES.	QUANTITÉS.	LIEUX DE PRODUCTION.							TOTAL.	Observations.
		GRANDE BRETAGNE.	COLONIES ANGLAISES.		ILES DE LA MER DU SUD.	PÊCHERIES.	ÉTATS UNIS D'AMÉRIQUE.	AUTRES PAYS ÉTRANGERS.		
			NOUVELLE ZÉLANDE.	AUTRES.						
Instruments d'agriculture.	11 colis.	»	»	94	»	»	»	»	94	Les chiffres désignés représentent des livres sterlings.
Soude.	255 barils.	1,262	»	»	»	»	»	»	1,262	
Habillements confectionnés.	1,607 colis.	28,049	»	5,510	»	»	»	»	33,559	
Armes et munitions.	18,220 livres.	410	»	28	»	»	»	»	438	
Plomb de chasse.	22 barils.	112	»	»	»	»	»	»	112	
Arrowroot et sagou.	420 quintaux.	75	»	136	»	»	»	»	211	
Sacs vides.	632 balles.	10,520	»	1,745	»	»	»	»	12,265	
Écorces.	4 ½ tonneaux.	»	»	5	»	»	»	»	5	
Soufflets de maréchal.	3 paires.	»	»	10	»	»	»	»	10	
Bière.	289,381 gallons.	19,058	»	2,901	»	»	»	»	21,959	
Cirage.	50 caisses.	103	»	»	»	»	»	»	103	
Couvertures et courtes pointes.	12 balles.	»	30	60	»	»	»	»	90	
Son.	645 boisseaux.	»	»	16	»	»	»	»	16	
Briques blanches.	9,000	»	18	»	8	»	»	»	26	
Beurre et fromage.	8,960 livres.	»	»	293	»	»	»	»	293	
Chandelles.	2 caisses.	20	»	»	»	»	»	»	20	
Mèches.	13 colis.	40	»	»	»	»	»	»	40	
Toile à voiles.	85 balles.	2,249	»	30	»	»	»	»	2,279	
Tapis.	60 »	»	»	50	»	»	»	»	50	
Chariots et matériel de id.	67	270	»	596	»	»	»	»	866	
Ciment.	11 caisses.	40	»	»	»	»	»	»	40	
Charbon.	491 tonneaux.	245	»	137	»	»	»	»	382	
Noix de cacao.	2,000 noix.	»	»	»	»	»	»	5	5	
Café et chocolat.	506 quintaux.	»	»	342	»	»	»	202	544	
Couleurs et peintures.	661 barils.	750	»	40	»	»	»	»	790	
Confitures.	310 colis.	34	»	384	»	»	»	6	424	
Cuivre raffiné.	100 quintaux.	350	»	»	»	»	»	»	350	
Cuivre brut.	½ tonneau.	»	25	»	»	»	»	»	25	
Cordes et cordages.	424 colis.	614	»	474	»	»	»	»	1,088	
Bouchons et tampons.	176 »	567	»	108	»	»	»	»	675	
Cotons.	527 ballots.	15,627	»	3,802	»	»	»	»	19,429	

DÉSIGNATION DES ARTICLES.	QUANTITÉS.	LIEUX DE PRODUCTION.							TOTAL.	Observations.
		GRANDE BRETAGNE.	COLONIES ANGLAISES. NOUVELLE ZÉLANDE.	COLONIES ANGLAISES. AUTRES.	ILES DE LA MER DU SUD.	PÊCHERIES.	ÉTATS UNIS D'AMÉRIQUE.	AUTRES PAYS ÉTRANGERS.		
Droguerie.	608 colis.	3,680	»	393	»	»	»	»	4,073	Les chiffres indiqués représentent des livres sterlings.
Porcelaine et faïence.	864 »	4,237	»	700	»	»	»	»	4,937	
Poisson salé.	765 »	581	»	21	»	»	»	»	602	
Farine.	16,502 quintaux.	4	»	6,568	»	»	»	»	6,572	
Fruits. Secs.	1,015 colis.	1,137	»	334	»	»	»	»	1,471	
Fruits. Verts.	3,512 »	»	»	1,073	»	»	»	»	1,073	
Meubles.	1,058 »	444	»	1,959	»	»	»	27	2,430	
Gobleterie et verrerie.	1,017 »	3,363	»	449	»	»	»	»	3,872	
Froment.	27,544 boisseaux.	1	»	5,051	»	»	»	»	5,052	
Orge.	584 »	22	»	64	»	»	»	»	86	
Avoine.	15,535 »	»	»	1,651	»	»	»	»	1,651	
Riz.	251,622 livres.	110	»	536	»	»	»	»	646	
Formes et embouchoirs.	12 colis.	131	»	»	»	»	»	»	131	
Meules.	286 »	123	»	»	»	»	»	»	123	
Mercerie.	1,329 »	23,631	»	4,205	»	»	»	»	27,836	
Quincaillerie.	6,420 »	19,498	»	2,471	»	»	»	»	21,969	
Chapeaux et casquettes.	168 »	2,290	»	180	»	»	»	10	2,480	
Foin et paille.	1,135 quintaux.	»	»	162	»	»	»	»	162	
Houblon.	264 balles.	924	»	336	»	»	»	»	1,260	
Ganterie.	541 colis.	9,200	»	300	»	»	»	»	9.500	
Instruments de musique.	28 »	1.145	»	30	»	»	»	»	1,175	
Fer et acier.	872 tonneaux.	9,533	»	775	»	»	»	»	10,308	
Bijouterie.	6 caisses.	300	»	»	»	»	»	»	300	
Plomb.	29 tonneaux.	487	»	175	»	»	»	»	662	
Cuirs tannés.	72 colis.	250	»	433	»	»	»	»	683	
Bottes et souliers.	305 »	4,506	»	1,494	»	»	»	4	6,004	
Jus de citron.	25 caisses.	48	»	10	»	»	»	»	58	
Toile de lin.	144 colis	4,054	»	»	»	»	»	»	4,054	
Chevaux.	250	20	»	1,514	»	»	»	»	1,534	
Bêtes à cornes.	26	5	»	88	»	»	»	»	93	
Moutons.	1,352	616	»	469	»	»	»	»	1,085	

DÉSIGNATION DES ARTICLES.	QUANTITÉS.	LIEUX DE PRODUCTION.			LIEUX DE PRODUCTION.				TOTAL.	Observations.
		GRANDE BRETAGNE.	COLONIES ANGLAISES.		ILES DE LA MER DU SUD.	PÊCHERIES.	ÉTATS UNIS D'AMÉRIQUE.	AUTRES PAYS ÉTRANGERS.		
			NOUVELLE ZÉLANDE.	AUTRES.						
Allumettes chimiques	97 caisses.	451	»	»	»	»	»	»	451	Les chiffres désignés représentent des livres sterlings.
Machines	505 colis.	1,036	»	278	»	»	»	»	1,314	
Drèche	465 boisseaux.	»	»	140	»	»	»	»	140	
Modes	3 caisses.	90	»	»	»	»	»	»	90	
Meules de moulin	24	90	»	»	»	»	»	»	90	
Clouterie	898 barils.	1,167	»	379	»	»	»	»	1,546	
Étoupe à calfat	50 balles.	81	»	»	»	»	»	»	81	
Rames et avirons	5	»	»	6	»	»	»	»	6	
Farine d'orge et d'avoine	129 barils.	138	»	»	»	»	»	»	138	
Huile de cachalot	125 tonneaux.	3,000	»	132	»	»	»	»	3,132	
Huile de baleine	61 »	46	»	1,189	»	»	»	»	1,235	
Huile de lin	620 gallons.	158	»	30	»	»	»	»	188	
Toile cirée	11 caisses.	44	»	»	»	»	»	»	44	
Oilman's stores	3,615 colis.	4,514	»	1,112	»	»	»	»	5,626	
Ognons	1,260 quintaux.	»	»	150	»	»	»	»	150	
Pois secs	1 baril.	2	»	»	»	»	»	»	2	
Poivres et épices	36,548 livres.	94	»	200	»	»	»	56	350	
Parfumerie	4 caisses.	27	»	1	»	»	»	»	28	
Pipes	151 »	176	»	3	»	»	»	»	179	
Poix, goudron, résine	654 barils.	394	»	103	»	»	»	»	497	
Plantes et semences	231 colis.	4	»	160	»	»	»	»	164	
Argenterie	4 »	366	»	39	»	»	»	»	405	
Pommes de terre	777 tonneaux.	»	»	1,905	»	»	»	»	1,905	
Viandes conservées	85 quintaux.	464	»	25	»	»	»	»	489	
Viandes salées	14 »	80	»	»	»	»	»	»	80	
Sellerie et harnacherie	244 colis.	5,186	»	334	»	»	»	»	5,520	
Sel	880 ½ tonneaux.	2,025	»	178	»	»	»	»	2,203	
Douves	227,235	»	»	876	»	»	»	»	876	
Soieries	31 caisses.	997	»	31	»	»	»	2	1,030	
Peaux de kangaroo	2,852	»	»	226	»	»	»	»	226	
Peaux de veau	1 balle.	»	»	5	»	»	»	»	5	

DÉSIGNATION DES ARTICLES.	QUANTITÉS.	LIEUX DE PRODUCTION			LIEUX DE PRODUCTION.				TOTAL.	Observations.
		GRANDE BRETAGNE.	COLONIES ANGLAISES. NOUVELLE ZÉLANDE.	COLONIES ANGLAISES. AUTRES.	ILES DE LA MER DU SUD.	PÊCHERIES.	ÉTATS UNIS D'AMÉRIQUE.	AUTRES PAYS ÉTRANGERS.		
Ardoises.	10,174	150	»	8	»	»	»	»	158	Les chiffres indiqués représentent des livres sterlings.
Savon.	232 caisses.	»	»	250	»	»	»	»	250	
Espèces.	200 livres.	200	»	»	»	»	»	»	200	
Eau-de-vie.	50.345 gallons.	7,365	»	7,785	»	»	»	»	15,150	
Rhum.	52,552 »	5,371	»	5,278	»	»	»	»	10,649	
Genièvre.	15,767 »	2.454	»	2,179	»	»	»	»	4,633	
Wiskey.	5,539 »	1,528	»	143	»	»	»	»	1,671	
Liqueurs.	53 »	20	»	7	»	»	»	»	27	
Librairie.	551 colis.	8,675	»	957	»	»	»	»	9,632	
Pierres.	66 tonneaux.	»	»	51	»	»	»	»	51	
Sucre. raffiné.	992 quintaux.	901	»	337	»	»	»	»	1,238	
Sucre. brut.	1,940 tonneaux.	1,138	»	12,617	»	»	»	7,802	21,557	
Couvertures de chariots.	31 balles.	120	»	»	»	»	»	»	120	
Thé.	302,840 livres.	126	»	5,358	»	»	»	5,856	11,340	
Bois. brut.	14,272 arbres.	2,591	»	214	»	»	»	»	2,805	
Bois. en barres ou poutres.	40 pieds.	»	10	»	»	»	»	»	10	
Bois. en planches.	2,362,316 »	127	501	6,353	»	»	»	»	6,981	
Bois. en lattes.	6,287,815 »	»	»	4,466	»	»	»	»	4,466	
Bois. de toutes autres espèces.	32,184 »	34	»	286	»	»	»	»	320	
Ferblanc et ferblanterie.	177 caisses.	426	»	55	»	»	»	»	481	
Jouets d'enfants.	85 colis.	»	»	45	»	»	»	»	45	
Thérébentine et vernis.	70 caisses ou cruch.	92	»	»	»	»	»	»	92	
Vinaigre.	6,178 gallons.	446	»	116	»	»	»	»	562	
Montres et pendules.	75 colis.	240	»	18	»	»	»	»	258	
Vin.	60,476 gallons.	7,059	»	3,719	»	»	»	602	11,380	
Ouvrages en bois.	1,008 colis.	309	»	314	»	»	»	»	623	
Étoffes de laine.	265 balles.	9,755	»	970	»	»	»	»	10,725	
Sacs d'emballage pour laine.	15 »	»	»	151	»	»	»	»	151	
Zinc.	10 caisses.	120	»	»	»	»	»	»	120	
Tabacs et cigares.	179,506 livres.	2,661	»	6,882	»	»	»	976	10,459	
	TOTAUX.	243,311	566	114,251	8	»	»	15,548	373,676	

NOUVELLE-GALLES DU SUD.

ÉTAT

DONNANT LE DÉTAIL DE L'EXPORTATION

DU

DISTRICT DE PORT-PHILIPPE PENDANT 1848.

DÉSIGNATION DES ARTICLES.	QUANTITÉS.	LIEUX DE DESTINATION.							TOTAL.	Observations.
		GRANDE BRETAGNE.	COLONIES ANGLAISES.		ILES DE LA MER DU SUD.	PÊCHERIES.	ÉTATS UNIS D'AMÉRIQUE.	AUTRES PAYS ÉTRANGERS.		
			NOUVELLE ZÉLANDE.	AUTRES.						
Bière	50 gallons.	»	»	5	»	»	»	»	5	Les chiffres désignés représentent des livres sterlings.
Beurre et fromage	300 quintaux.	»	»	1,280	»	»	»	»	1,280	
Chandelles de suif	53 caisses.	»	»	165	»	»	»	»	165	
Goudron	1 colis.	»	»	3	»	»	»	»	3	
Farine	71 ½ tonneaux.	»	»	691	»	»	»	»	691	
Fruits	3 caisses.	»	»	3	»	»	»	»	3	
Meubles	1 colis.	»	»	3	»	»	»	»	3	
Froment	331 boisseaux.	5	»	50	»	»	»	»	55	
Son	5 tonneaux.	»	»	20	»	»	»	»	20	
Chapeaux et casquettes	2 caisses.	»	»	10	»	»	»	»	10	
Sabots, cornes et os	271 ½ tonneaux.	284	»	2	»	»	»	»	286	
Graisse de porc	300 livres.	»	»	10	»	»	»	»	10	
Cuirs tannés	3 ½ tonneaux.	170	»	35	»	»	»	»	205	
Chevaux	1	»	»	15	»	»	»	»	15	
Bêtes à cornes	6,696	»	1,228	17,754	»	»	»	»	18,982	
Moutons	64,191	»	800	25,719	»	»	»	»	26,519	
Tableaux	2 caisses.	20	»	»	»	»	»	»	20	
Pommes de terre	3 tonneaux.	7	»	10	»	»	»	»	17	
Viande de bœuf	614 ½ »	37	33	9,758	»	»	»	200	10,028	
Viande de porc	1 ½ »	»	»	63	»	»	»	»	63	
Viande de langues	144 barils.	»	»	220	»	»	»	50	270	
Jambons	18 »	»	»	41	»	»	»	15	56	
Peaux de bœuf	7,133	50	»	1,896	»	»	»	»	1,946	
Peaux de mouton	45 bottes.	6	»	58	»	»	»	»	64	
Peaux de kangaroo	106 12e	48	»	8	»	»	»	»	56	
Savon	93 ½ tonneaux.	»	»	2,213	»	»	»	»	2,213	
Objets d'histoire naturelle	31 colis.	298	»	2	»	»	»	»	300	
Amidon	5 caisses.	»	»	10	»	»	»	»	10	
Objets divers	20 colis.	»	»	8	»	»	»	»	8	
Suif	1,345 ½ tonneaux.	36,287	»	1,681	»	»	»	»	37,968	
Bois de cèdre	200 pieds.	»	»	5	»	»	»	»	5	

DÉSIGNATION DES ARTICLES.	QUANTITÉS.	LIEUX DE DESTINATION			LIEUX DE DESTINATION.				TOTAL.	Observations.
		GRANDE BRÉTAGNE.	COLONIES ANGLAISES.		ILES DE LA MER DU SUD.	PÊCHERIES.	ÉTATS UNIS D'AMÉRIQUE	AUTRES PAYS ÉTRANGERS		
			NOUVELLE ZÉLANDE.	AUTRES.						
Bois de pin.	8 planches.	3	»	»	»	»	»	»	3	Les chiffres indiqués représentent des livres sterlings.
Bois dur.	6,000 pieds.	16	»	»	»	»	»	»	16	
Bois en planches.	7.000 »	»	»	2	»	»	»	»	2	
Bois en poutres.	600 »	»	»	45	»	»	»	»	45	
Bois en chevilles.	300	»	»	12	»	»	»	»	12	
Bois de toutes autres espèces.	12 colis.	»	»	1	»	»	»	»	1	
Vin.	34 gallons.	7	»	»	»	»	»	»	7	
Laines.	10,524,663 livres.	541,194	»	15,327	»	»	»	»	556,521	
Étoffes de laine.	1 caisse.	»	»	33	»	»	»	»	33	
Total des produits du district.		578,435	2,061	77,158	»	»	»	265	657,919	
COMMERCE DE TRANSIT.										
Productions britanniques.		1,100	136	11,974	»	»	»	»	13,210	
Productions des colonies anglaises.		1,816	»	350	»	»	»	»	2,166	
Productions des pays étrangers.		4	120	1,940	»	»	»	»	2,064	
Total de l'exportation du district pendant 1848.		581,355	2,317	91,422	»	»	»	265	675,359	

TABLEAU

DES

IMPORTATIONS EN ANGLETERRE

DES

LAINES DE SES COLONIES

ET DES AUTRES PAYS.

ANNÉES.	SYDNEY.	TERRE VAN DIEMEN.	PORT-PHILIPPE et PORTLAND-BAY.	ADÉLAIDE.	NOUVELLE ZELANDE.	CAP DE BONNE-ESPÉRANCE.	INDES.	ALLEMAGNE.	ESPAGNE.	PORTUGAL.
1796	»	»	»	»	»	»	»	41	16,699	412
1797	»	»	»	»	»	1	»	394	24,380	69
1798	»	»	»	»	»	»	»	622	10,219	541
1799	»	»	»	»	»	»	»	2,342	14,752	6,366
1800	658	»	»	»	»	»	»	1,170	50,318	9,622
1801	1,302	»	»	»	»	85	»	698	26,989	5,015
1802	353	»	»	»	»	146	»	1,217	28,237	3,751
1803	18	»	»	»	»	78	»	680	21,778	1,280
1804	164	»	»	»	»	7	»	62	34,962	230
1805	1,203	»	»	»	»	»	»	67	34,208	1,113
1806	564	»	»	»	»	»	»	1,953	27,228	1,666
1807	74	»	»	»	»	7	»	548	51,458	1,645
1808	128	»	»	»	»	10	»	325	9,808	170
1809	14	»	»	»	»	3	»	1,753	21,418	5,365
1810	83	»	»	»	»	15	»	2,221	2,976	16,772
1811	9	»	»	»	»	11	»	102	12,951	9,946
1812	3	»	»	»	»	10	»	»	10,735	25,970
1813*	»	»	»	»	»	»	»	»	»	»
1814	70	40	»	»	»	9	»	9,807	33,622	13,958
1815	151	92	»	»	»	11	»	8,964	24,049	6,351
1816	47	»	»	»	»	10	»	8,047	14,795	2,876
1817	»	»	»	»	»	20	»	13,761	31,418	4,690
1818	255	170	»	»	»	22	»	24,092	43,803	6,582
1819	170	150	»	»	»	27	»	12,827	27,664	9,046
1820	213	180	»	»	»	29	»	14,600	17,681	475
1821	421	281	»	»	»	58	»	24,615	34,848	592
1822	347	207	»	»	»	77	»	31,786	29,972	626
1823	1,091	908	»	»	»	32	»	35,892	21,595	5,668
1824	972	519	»	»	»	43	»	44,335	25,104	2,489
1825	914	380	»	»	»	33	»	82,284	41,082	4,759
1826	2,905	1,525	»	»	»	175	»	30,219	8,097	2,665
1827	696	567	»	»	»	64	»	60,630	19,495	2,258
1828	3,087	3,209	»	»	»	51	»	62,901	19,043	1,644
1829	3,749	3,608	»	»	»	60	»	40,314	18,777	266

ANNÉES.	RUSSIE.	ITALIE.	TURQUIE, SYRIE et ÉGYPTE.	PÉROU.	BUENOS-AYRES.	ÉTATS-UNIS.	DANEMARCK.	SUÈDE.	AUTRES PAYS.	TOTAL DES BALLES.	Observ.
1796	21	7	8	17	»	»	7	32	»	17,244	Les documents relatifs à l'importation de 1813 ont été détruits par le feu.
1797	19	41	42	»	»	»	5	360	»	25,281	
1798	»	»	»	»	»	»	»	120	»	11,512	
1799	»	30	28	1	»	»	»	320	»	23,839	
1800	25	84	76	»	»	»	14	473	»	42,440	
1801	»	198	187	73	»	»	»	224	»	34,668	
1802	1	186	174	210	»	»	»	1,326	»	34,601	
1803	241	940	880	126	»	»	112	700	»	26,833	
1804	482	627	605	24	»	»	205	230	»	37,598	
1805	728	126	101	132	»	»	257	121	»	38,146	
1806	207	60	58	110	»	»	57	64	»	31,967	
1807	1,048	54	52	307	»	»	305	334	»	55,832	
1808	27	130	124	407	»	»	6	22	»	11,056	
1809	267	515	508	1,069	»	»	85	611	»	31,828	
1810	878	683	676	601	»	»	207	142	»	25,244	
1811	29	351	345	447	»	»	4	11	»	24,206	
1812	259	6	4	261	»	»	92	12	»	37,352	
1813*	»	»	»	»	»	»	»	»	»	»	
1814	1,031	426	421	112	»	»	307	3,801	»	68,699	
1815	576	296	292	274	»	»	250	3,950	»	46,456	
1816	699	262	257	1,308	»	»	220	1,476	»	29,987	
1817	562	179	178	956	»	»	125	5,636	»	57,554	
1818	1,066	1,015	1,051	2,358	»	»	510	10,850	»	92,374	
1819	1,580	1,494	1,507	174	»	»	484	3,800	»	54,923	
1820	150	334	350	26	»	»	20	1,459	»	33,555	
1821	186	8	17	53	»	»	42	1,836	»	62,952	
1822	654	5	10	32	»	»	170	4,356	»	65,142	
1823	400	2	4	11	»	»	208	2,142	»	67,863	
1824	631	377	395	852	»	»	220	2,226	»	77,843	
1825	5,362	1,480	1,452	1,054	»	»	697	5,085	»	144,662	
1826	1,680	534	547	5,068	»	»	320	1,189	»	54,894	
1827	2,607	846	872	556	»	»	372	2,543	»	91,496	
1828	2,606	425	434	929	»	»	714	1,214	»	96,358	
1829	1,664	8	17	70	»	»	321	818	»	69,659	

ANNÉES.	SYDNEY.	TERRE VAN DIEMEN.	PORT-PHILIPPE et PORTLAND-BAY.	ADÉLAIDE.	NOUVELLE ZÉLANDE.	CAP DE BONNE-ESPÉRANCE	INDES.	ALLEMAGNE.	ESPAGNE.	PORTUGAL.
1830	3,998	4,005	»	»	»	»	»	74,496	8,218	2,319
1831	5,792	5,804	»	»	»	263	»	60,782	22,073	
1832	6,313	4,170	»	»	»	360	»	55,185	13,684	
1833	8,908	6,040	»	»	»	511	»	72,776	20,714	
1834	10,327	5,952	»	»	»	647	»	62,563	19,839	
1835	12,787	7.025	»	»	»	624	1,307	60,988	8,582	2,772
1836	14,055	8,728	»	»	»	1,516	3,493	90,430	20,441	
1837	19,564	10,754	»	»	»	1,812	5,665	53,359	11,011	2,161
1838	21,950	10,250	»	»	»	1,996	6,117	79,820	8,577	2,694
1839	22,944	14,638		1,524		3,247	5,674	68,682	11,730	4.753
1840	25,820	11,721		3.484		2,477	7,611	63,278	5,273	1,569
1841	30,280	13,937		8.706		4,191	10,563	62,483	5,287	2,716
1842	26,668	13,922		12.307		6,521	11.876	47,510	3,118	1,867
1843	37,255	14,948		14,057		7,734	6,594	53,495	2,715	1,680
1844	38,077	15,126		17,705		8,659	6,741	70,305	5,682	6,341
1845	37,825	16,839		22,815		13,765	10,065	61,777	5,188	3,267
1846	39,112	13,056	20,956	5,094	1,686	11,626	11,279	52,922	4,809	3,274
1847	41,927	16,505	27,876	7,133	803	13,566	8,123	41,396	1,956	3,005
1848	46,012	16,093	37,351	9,627	1,056	18,409	16,923	48,478	403	2,923
1849	50,584	17,926	45,348	10,400	1,474	20,345	11,041	45,539	516	4,420

ANNÉES.	RUSSIE.	ITALIE.	TURQUIE, SYRIE et ÉGYPTE.	PÉROU.	BUENOS-AYRES.	ÉTATS-UNIS.	DANEMARCK.	SUÈDE.	AUTRES PAYS.	TOTAL DES BALLES.	Observ.
1830	1,680	14	29	64	»	»	323	3,672	»	98,819	
1831	348	»	»	318	»	»	»	1,509	»	97,371	
1832	907	»	»	2.445	»	»	»	639	»	83,793	
1833	4,114	1,117	»	1,913	»	»	1,241	3,351	»	120,680	
1834	9,910	4,762	14,983	8,498	»	»	1,547	760	»	136,277	
1835	9,134	2,816	6,660	10,064	»	»	1,175	2.295	»	145,113	
1836	15,072	3,754	14,714	16,653	»	»	4,488	14,762	»	208,336	
1837	15,116	3,314	8,421	30,030	»	»	1,059	501	»	162,847	
1838	8,526	4,434	4,249	30,378	»	»	1,388	1,593	»	161,772	
1839	17,847	5,197	8,039	37,854	»	»	1,232	2,108	»	205,469	
1840	11,776	4,055	6,492	40,004	»	»	2,109	320	»	186,079	
1841	10,825	3,949	2,095	55.190	»	»	2,714	354	5,621	219,003	
1842	14,199	573	1,439	19,956	»	»	1,475	358	5,967	167,776	
1843	10,181	546	1,834	36,129	»	»	33	383	3,067	192,771	
1844	15,984	5,310	9,564	24,565	»	»	424	3,684	5,165	234,332	
1845	21,008	7,145	8,249	41,876	6,135	4,699	1,637	2,843	6,142	271,277	
1846	11,451	4,247	12,520	56,574	1,076	2,440	1,408	1,550	5,231	261,811	
1847	7,055	3,194	7,983	56,652	4,578	1,544	942	1,510	7,023	152,819	
1848	7,402	1,502	6,272	56,438	6,403	139	678	1,067	5,468	278,505	
1849	16,581	1,998	5,278	43,143	5,755	975	1,366	2.071	13,254	298,444	

TARIF DES DOUANES

DE

L'AUSTRALIE SUD,

MIS EN VIGUEUR LE 6 JANVIER 1849.

DÉSIGNATION DES ARTICLES.	BASE DES DROITS.	DROITS DE DOUANE.		
			s.	d.
Alcali.	le cuwet		0	6
Armes.	ad valorem	5 p. °/₀		
Annattes.	le cuwet		3	0
Habillements.	ad valorem	5 p. °/₀		
Arrowroot.	le cuwet		3	0
Lard et jambons. . . .	»		2	6
Toile d'emballage et sacs.	100		5	0
Métaux bruts.	»		6	6
Sacs de laine.	la pièce		0	2
Paniers.	ad valorem	5 p. °/₀		
Viande de bœuf et de porc	le cuwet		1	6
Bière.	gallon		0	3
Cirage.	»		0	4
Pâte.	livre		0	1
Barques.	ad valorem	5 p. °/₀		
Livres et gravures. . .	le cuwet		6	0
Voitures à bras. . . .	la pièce		1	0
Bottes.	12 paires		6	0
Demi-bottes.	»		3	0
Souliers.	»		2	0
Chaussures d'enfants. .	»		1	0
Cuivre manufacturé. .	ad valorem	5 p. °/₀		
Pain et biscuit. . . .	le cuwet		0	7
Verres et bouteilles. .	douzaine		0	1
Briques.	1,000		5	0
Soufre.	le cuwet		0	6
Beurre.	»		3	0
Brosserie.	ad valorem	5 p. °/₀	1	6
Ancres et chaînes. . .	le cuwet			

DÉSIGNATION DES ARTICLES.	BASE DES DROITS.	DROITS DE DOUANE.		
			s.	d.
Chandelles et bougies.	le cuwet		6	0
Toile à voiles. . . .	la pièce		2	0
Charrettes.	»		10	0
Chariots.	»		20	0
Affûts.	ad valorem	5 p. °/°		
Tonneaux vides. . . .	tun		2	0
Ciment.	le cuwet.		0	4
Craie.	tonneau		1	6
Fromages.	le cuwet.		3	0
Chocolat et cacao. . .	la livre		0	1
Pendules et montres. .	ad valorem	5 p. °/°		
Charbon.	tonneau		0	9
Coke.	»		2	0
Café.	le cuwet		4	0
Confitures.	la livre		0	2
Cuivre et clous à doublage	le cuwet		5	0
Articles manufacturés. .	ad valorem	5 p. °/°		
Cordes et cordages d'Europe.	le cuwet		2	0
Id. de Manille. . . .	»		1	6
Cordons et ficelles. . .	»		5	0
Bouchons.	»		2	0
Objets en liège. . . .	grosse		0	1
Graines et farine. . .	le quater			
» de froment. .	»		1	6
» orge.	»		1	3
» avoine. . . .	»		1	3
» maïs et millet.	»		1	0
» pois et fèves .	»		1	6
Drêche.	100 livres		3	0
Son.	»		1	0
Coton manufacturé. . .	ad valorem	5 p. °/°		
Coutellerie.	»	»		
Draperie.	»	»		
Droguerie.	la livre		0	2
Vitriol.	»		0	1
Faience et porcelaine. .	ad valorem	5 p. °/°		
Plumes.	la livre		0	1
Poissons salés. . . .	le cuwet		1	0
Lin.	»		1	0
Fruits { secs. . . .	»		2	0
Fruits { en bouteilles. .	12 quarts		0	6
Fruits { préservés. . .	la livre		0	1
Fruits { frais. . . .	bushel		0	6
Meubles.	ad valorem	5 p. °/°		

DÉSIGNATION DES ARTICLES.	BASE DES DROITS.	DROITS DE DOUANE.	
			s. d.
Glaces de 600 pouces.	livre		0 4
Glaces moins de 600 p.	»		0 3
Glaces rondes et carrées de plus de 200 p.	100 pieds		2 0
Glaces moins de 200 p.	»		1 6
Cristal taillé, moulé, miroirs, etc.	ad valorem	5 p. °/₀	
Ganterie.	»	»	
Colle forte.	le cuwet		1 6
Graisse.	»		1 0
Poudre en boîtes. .	»		5 0
Poudre en barils. .	»		3 2
Meulerie.	ad valorem	5 p. °/₀	
Epiceries.	»	»	
Mercerie.	»	»	
Crin. . frisé. . . .	livre		0 1
Crin. . manufacturé. .	ad valorem	5 p. °/₀	
Quincaillerie. . . .	»	»	
Chapeaux et casquettes.	»	»	
Foin.	tonneau		2 0
Chanvre peigné. . .	le cuwet		1 6
Chanvre brut. . . .	»		1 0
Peaux tannées. . . .	»		3 0
Peaux fraîches et salées	»		1 0
Miel.	»		4 0
Houblon.	livre		0 2
Encre à écrire. . .	gallon		0 3
Encre à imprimer. .	livre		0 1
Fer. . laminé. . . .	tonneaux		10 0
Fer. . battu. . . .	»		14 0
Fer. . en saumon. . .	»		5 0
Ouvrages en fer. . . .	le cuwet		1 0
Colle de poisson. . .	livre		0 6
Instruments d'art. . .	ad valorem	5 p. °/₀	
Bijouterie.	»	»	
Saindoux.	le cuwet		2 6
Plomb.	»		1 1
Ouvrages en plomb. .	ad valorem	5 p. °/₀	
Cuir pour semelle. .	le cuwet		3 0
Cuir pour harnais. .	»		6 0
Cuir de veau. . .	livre		0 1
Cuir de basanne. .	douzaine		5 0
Cuir de kangaroo. .	»		1 0
Cuir de cochon. . .	pièce		1 0
Cuir de biseau. .	douzaine		0 6

DÉSIGNATION DES ARTICLES.	BASE DES DROITS.	DROITS DE DOUANE.	
			s. d.
Cuirs autres.	ad valorem	5 p. %	
Sirop et jus de citron. .	gallon		0 3
Etoffe de fil.	ad valorem	5 p. %	
Allumettes.	par botte		0 4
Macaroni et vermicelle.	livre		0 1
Machines.	ad valorem	5 p. %	
Nattes et paillassons. .	»	»	
Instruments de musique.	»	»	
Moutarde.	livre		0 1
Aiguilles.	1,000		0 3
Filets.	ad valorem	5 p. %	
Huile noire. . . .	gallon		0 1
Huile de poisson. .	»		0 3
Huile de lin. . . .	»		
Huile de coco. . .	»		0 2
Huile d'olive. . . .	»		0 6
Oilman's stores. . . .	ad valorem	5 p. %	
Ognions.	le cuwet		1 0
Couleurs.	»		1 0
Papiers.	ad valorem	5 p. %	
Parfumerie.	»	»	
Capsules.	1,000		0 2
Etain.	ad valorem	5 p. %	
Tableaux et portraits. .	»	»	
Pipes en terre. . .	grosse		0 1
Pipes autres. . . .	ad valorem	5 p. %	
Goudron.	barril		1 0
Pommes de terre. . .	tonneau		3 0
Viandes préservées .	le cuwet		3 0
Epingles.	livre		0 1
Riz.	le cuwet		0 9
Résine.	barril		0 6
Sellerie.	ad valorem	5 p. %	
Sagou.	le cuwet		1 0
Sel.	tonneau		3 0
Salpêtre.	le cuwet		1 6
Soieries.	ad valorem	5 p. %	
Peaux à tanner. . . .	douzaine		0 4
Savon.	le cuwet		1 0
Epicerie.	»		3 0
Spiritueux du degré de force de l'épreuve de l'hydromètre de Syke.	gallon		10 0
Amidon.	le cuwet		2 0
Fournitures de bureau.	ad valorem	5 p. %	

DÉSIGNATION DES ARTICLES.	BASE DES DROITS.	DROITS DE DOUANE.	
			s. d.
Acier.	le cuwet		2 0
Meules.	par pied de diamètre		2 0
Ardoises.	1,000		3 6
Marbre.	par pied		0 6
Pierres.	le cuwet		5 0
Sucre raffiné.	»		4 0
Tapioca.	»		2 0
Suif.	»		2 0
Goudron.	baril		1 0
Thé.	livre		0 2
Ferblanterie.	ad valorem	5 p. %	
Tabac manufacturé. .	livre		2 0
Tabac non manufact.	»		1 0
Tabac cigares. . . .	»		5 0
Tabac en poudre. .	»		2 0
Jouets d'enfants. . . .	ad valorem	5 p. %	
Térébenthine.	gallon		0 2
Vinaigre.	»		0 1
Fanons de baleine. . .	le cuwet		14 0
Vins.	gallon		1 0
Bois.	ad valorem	5 p. %	
Etoffes de laine. . . .	»	»	
Zinc.	»	»	
Les articles non compris dans le présent tarif se paient à 5 p. % ad valorem			

TABLEAU

DES

MONNAIES, POIDS ET MESURES ANGLAIS

COMPARÉS

A CEUX EN USAGE EN BELGIQUE.

MONNAIES

ANGLAISES.	BELGES.
La livre sterling. . . .	25 francs.
Le schelling.	1 » 25 c.
Le denier ou penny (1). .	» 10 5/12

(1) Penny, au pluriel pence.

POIDS

ANGLAIS.	BELGES.
Grain (24e de pennyweight).	0,065 gramme.
Pennyweight (20e d'once). .	1,555 gramme.
Once (12e de livre troy). .	31,091 grammes.
Livre troy impériale. . .	0,373096 kilogramme.
Dram (16e d'once). . . .	1,771 gramme.
Once (16e de la livre). .	28,338 grammes.
Livre avoirdupois impériale.	0,4534 kilogramme.
Quintal (112 livres). . .	50,78 kilogrammes.
Ton (20 quintaux). . . .	1015,65 kilogrammes.

MESURES DE LONGUEUR

ANGLAISES.	BELGES.
Pouce ($^{1}/_{36}$ du yard). . .	2,539954 centimètres.
pied ($^{1}/_{3}$ du yard). . . .	3,0479449 décimètres.
Yard impérial.	0,91438348 mètre.
Fathom (2 yards). . . .	1,82876696 mètre.
Pole ou perch. (5 $^{1}/_{2}$ yards).	5,02911 mètres.
Furlon (220 yards). . . .	201,16437 mètres.
Mille (1760 yards). . . .	1609,3149 mètres.

MESURES DE SUPERFICIE

ANGLAISES.	BELGES.
Yard carré.	0,836097 mètre carré.
Rod (perche carrée). . .	25,291939 mètres carrés.
Rood (1,210 yards carrés). .	10,116775 ares.
Acre (4,880 yards carrés).	0,404671 hectare.

MESURES DE CAPACITÉ

ANGLAISES.	BELGES.
Pint ($^{1}/_{8}$ de gallon). . . .	0,597932 litre.
Quart ($^{1}/_{4}$ de gallon). . .	1,135864 litre.
Gallon impérial.	4,54345797 litres.
Peck (2 gallons).	9,0869159 litres.
Bushel (8 gallons). . . .	36,347664 litres.
Sack (3 bushels). . . .	1,09043 hectolitres.
Quarter (8 bushels). . . .	2,907813 hectolitres.
Chaldron (12 sacks). . .	13,08516 hectolitres.

TABLE DES MATIÈRES.

FIN DE LA TABLE DES MATIÈRES.

ERRATA.

Page 11, ligne 34, ouverte, *lisez* : ouvertes.
61, ligne 5, boiled cauvar, *lisez* : boiléd canvas.
119, ligne 18, diminuée, *lisez* : diminué.
133, ligne 31, échappées, *lisez* échappé.

www.ingramcontent.com/pod-product-compliance
Ingram Content Group UK Ltd.
Pitfield, Milton Keynes, MK11 3LW, UK
UKHW022059190726
13855UKWH00002B/553